Herausgegeben von Dietrich Steinbach

Volker Sack

Identitätskrisen

Heinrich von Kleist: Die Marquise von O...

Arthur Schnitzler: Flucht in die Finsternis

Ernst Klett Verlag

Anregungen für den Literaturunterricht
Pegasus Klett

Volker Sack
Identitätskrisen

Textausgaben in der Reihe ‚Editionen', nach denen zitiert wird:
Heinrich von Kleist: Die Marquise von O... Stuttgart 1982. Klettbuch 35166
Arthur Schnitzler: Flucht in die Finsternis. Stuttgart 1980. Klettbuch 3544

CIP-Kurztitelaufnahme der Deutschen Bibliothek
Sack, Volker:
Identitätskrisen:
Heinrich von Kleist:
Die Marquise von O...,
Arthur Schnitzler: Flucht in die Finsternis/Volker Sack. – 1. Aufl. –
Stuttgart: Klett, 1989
(Anregungen für den Literaturunterricht)
(Pegasus Klett)
ISBN 3-12-399240-3

1 5 4 3 2 1 |1993 92 91 90 89

1. Auflage

Die letzte Zahl bezeichnet das Jahr dieses Druckes.

Satz: Bibliomania GmbH, Frankfurt am Main
Druck: Herzogsche Druckerei, Stuttgart

ISBN 3-12-399240-3

Inhaltsverzeichnis

1 Annäherungen

1.1 Identität und Moderne bei Heinrich von Kleist und Arthur Schnitzler

Ichsuche, Ichzerfall, Entfremdung vom Ich – seit Menschen über sich und ihre Stellung in der Welt nachdenken, geschieht es immer wieder, daß ihnen ihre Identität zum Problem wird. Aber wie manche Menschen über ein stärker entwickeltes Reflexionsvermögen verfügen, unerschrockener den Blick in ihr eigenes Innere werfen und mutiger sich dem in der Tiefe Geschauten stellen als die Mehrheit ihrer Zeitgenossen, die die Bilder ihres Inneren eher verdrängen und vor allzu großer Klarheit zurückschaudern, so gibt es auch ganze Zeitabschnitte, in denen die Affinität zur Selbstbeobachtung schärfer oder weniger scharf ausgeprägt ist. Leichter haben es allemal diese als jene, weil es unproblematischer, ja gesünder, vitaler ist, die Augen vor dem bisher Ungeschauten zu verschließen, das deshalb, weil es unbekannt ist, als bedrohend empfunden wird, als unter der Oberfläche des Ichs in verborgene Schichten zu dringen und ungewarnt auf dort schlummernde Erkenntnisse zu stoßen, die konsequenterweise zu einer Entfremdung vom eigenen Ich, ja zu seiner Ablehnung durch sich selbst führen können. Gefahrloser lebt, wer den Blick in das Dunkel seiner Seele gar nicht erst riskiert; gefahrloser, aber auch dumpfer, weil er von vornherein auf die Möglichkeit der Selbsterkenntnis verzichtet, wie umgekehrt mit zunehmender Bereitschaft, auch vor den Abgründen der eigenen Seele den Blick nicht ängstlich zu wenden, die Empfänglichkeit für das Vielschichtige des eigenen Wesens wächst. Die Gleichzeitigkeit von Erkenntniszuwachs und Gefährdung des Selbst macht die Suche nach der seelischen Identität zu einem Abenteuer mit ungewissem Ausgang. Die Fähigkeit, sich auf dieses Abenteuer einzulassen, entspringt für Korff[1] einem „allgemein menschliche[n] Gefühl [...], das keiner Zeit ganz fremd ist", das aber neu wiederum im Sturm und Drang hervorgebrochen und in der romantischen Novelle erst recht lebendig geworden ist.
Nun behauptet aber *Heinrich von Kleist* innerhalb der Novellenkunst seiner Zeit einen ganz besonderen Platz, insofern er zwar in der literarischen Tradition seiner Epoche steht, aber gleichzeitig weit über sie hinausweist. Daß er einhundert Jahre vor Sigmund Freud sich mit schlafwandlerischer Sicherheit den Erkenntnissen der modernen Psychoanalyse annähert, daß er anscheinend in das Unbewußte der Seele hineinleuchtet und es den im 20. Jahrhundert lebenden Lesern ermöglicht, in der Spaltung von Ich und Es die Handlungsantriebe seiner Personen zu erkennen, – diese Antizipation mag es mit sich bringen, daß für uns heute Kleist „kein Klassiker und kein Romantiker [...], kein preußisch patriotischer Heimatautor, sondern einer der ersten modernen Menschen Deutschlands"[2] ist – und daß diese Sehweise eben gerade erst in den zwanziger Jahren unseres Jahrhunderts möglich wurde.

---

(1) H. A. Korff: Geist der Goethezeit, IV. Teil: Hochromantik, 1953. Nachdruck: Wissenschaftliche Buchgesellschaft, Darmstadt [10]1979, S. 84.
(2) Curt Hohoff: Heinrich von Kleist. rowohlts monographien. rororo 1986, S. 10.

Wie also Kleist, der Zeitgenosse Goethes, wurzelnd im Erfahrungsbereich der Romantik, in bestimmten Aspekten seines Denkens in das 20. Jahrhundert weist, so stellt die *literarische Moderne* ihrerseits einen Prozeß dar, „der sich, mit vielen immanenten Brüchen, Widersprüchlichkeiten und Ambivalenzen, auf eine Vorgeschichte stützt, die in die Romantik zurückreicht".[3] Es ist in diesem Zusammenhang gleichgültig, ob man „die Moderne" schon mit dem Naturalismus beginnen läßt[4] oder erst mit den ihm entgegengesetzten Strömungen zu Beginn unseres Jahrhunderts[5]; wichtig ist zu erkennen, daß sie aus vielen Quellflüssen gespeist wird und daß eine dieser Quellen, die grundsätzliche Hinwendung zur Hinterfragung des Ich, im 19. Jahrhundert entspringt. Freuds Zeitgenosse, Arthur Schnitzler, der bekannteste Vertreter der Wiener Moderne, gelangt, anders als der Analytiker Freud, auf intuitivem Weg zu gleichen Ergebnissen wie dieser: Selbstreflexion und Selbstentfremdung, Erkenntniszweifel und Wirklichkeitsverlust und eine tiefe Ich-Skepsis kennzeichnen seine „gebrochenen Menschentypen".[6]

Ein knappes Jahrhundert liegt zwischen dem „modernen Menschen" Kleist und dem Menschen der Moderne, Schnitzler. Beide stellen in den Mittelpunkt ihres dramatischen und erzählerischen Werkes Menschen auf der Suche nach ihrer Identität. Im Zusammenstoßen gesellschaftlicher Notwendigkeiten, allgemeiner Wertvorstellungen, mitmenschlicher Verbindlichkeiten mit dem eigenen Wollen sind beider Figuren herausgefordert, die Bedingungen der Außenwelt und der Innenwelt zu erkennen, d.h. die sozialen und moralischen Gegebenheiten ihrer Lebenswirklichkeit zu durchschauen und sich der unklaren Antriebe ihres eigenen Inneren bewußt zu werden. Es ist ihnen aufgegeben, ihren Standort in der Welt zu bestimmen, Ich und Welt in Einklang zu bringen, und es ist ihnen bestimmt, an dieser Aufgabe zu wachsen oder zu scheitern.

Kennzeichnend für die Welterfahrung und die Icherfahrung der Figuren *Arthur Schnitzlers* sind die Zeitströmungen und die Bildungseinflüsse im Wien der Jahrhundertwende, aus denen heraus sie gestaltet wurden; vor allem das tiefgreifende Bewußtsein von der Relativität der Wahrheit, die Erkenntnisse der Psychoanalyse und das besondere Interesse des Arztes für Nerven- und Geisteskrankheiten spielen für die Darstellung der Identitätsproblematik eine Rolle. Wie der Geist des Liberalismus, der in den letzten Jahren der Monarchie zwar seine Rolle als politische Kraft längst an die Zentrumsparteien verloren hatte, aber in der Presse und im öffentlichen Leben noch beherrschend blieb, einen extremen Individualismus begünstigte, der die geistige Haltung des österreichischen Fin de siècle so auffallend prägte, das ist recht übersichtlich bei Hartmut Scheible[7] dargestellt. Daraus erklärt sich das typisch Österreichische in der Dichtung Schnitzlers und seiner Generation: Der Dichter bleibt unengagiert, hält sich heraus, er wird zum Betrachter – auch zum Betrachter seiner selbst – aus innerer Distanz; er versteht alles, ohne etwas werten zu wollen; seine Toleranz dem Leben gegenüber gerät ihm zur Indifferenz.

---

(3) Thomas Kopfermann: Lyrik im Expressionismus. In: Gedichte in ihrer Epoche, hrsg. v. Dietrich Steinbach. Klett, Stuttgart 1985, S. 66.
(4) H. A. und E. Frenzel: Daten deutscher Dichtung. dtv ^{7}1971, Band II. S. 459.
(5) Daten deutscher Dichtung (Anmerkung 4), S. 485.
(6) Geschichte der deutschen Literatur, hrsg. von Bark – Steinbach – Wittenberg. Band 4: Vom Naturalismus zum Expressionismus. Klett, Stuttgart 1985, S. 59.
(7) Hartmut Scheible: Arthur Schnitzler. rowohlts monographien. rororo 1986, S. 21.

Bei solchen geistigen Voraussetzungen fallen die Lehren der zeitgenössischen Erkenntnistheorie und einer von ihr beeinflußten Ästhetik auf fruchtbaren Boden.
Ernst Mach, 1895 bis 1901 Philosophieprofessor in Wien, lehrt, daß Wahrheit als objektiver Begriff nicht einmal mehr gedacht werden kann. Sowohl die Welt, die für ihn nicht mehr aus Körpern, sondern aus einer Masse von in steter Bewegung dahinfließenden und dabei immer wieder neu aufeinander bezogenen Empfindungen besteht, wie auch das Ich, „die Summe der Wahrnehmungen, die sich in einem Menschen zufällig kreuzen und im nächsten Moment schon eine völlig andere Konstellation ergeben“[8], scheiden für Mach als feste Bezugspunkte der menschlichen Erkenntnis aus, indem er die Annahme ihrer unveränderlichen Identität als eine Fiktion entlarvt.
Dieser Relativierung des Ich bei Ernst Mach kommt die gleichzeitige Auffassung der Impressionisten entgegen, deren literarischer Wortführer der Entdecker des Dichters Hugo von Hofmannsthal und Schnitzlers Altersgenosse, *Hermann Bahr*, ist. Ausgehend von der Vorstellung, daß sich die dem Menschen erfahrbare Wirklichkeit aus ständig wechselnden Wahrnehmungseindrücken zusammensetzt, schreibt er dem Künstler die Aufgabe zu, seine augenblickliche Stimmung aufmerksam in ihren Einzelheiten zu registrieren und den jeweils erlebten Augenblick festzuhalten. Im Kunstwerk vermischen sich so Außenwelt und Innenwelt, zwischen denen es auch nach Ernst Mach insofern keinen Unterschied mehr gibt, als physisches Objekt und psychisches Subjekt ihrem Wesen nach identisch sind.
Aus der Beschäftigung Schnitzlers mit der Philosophie Ernst Machs und der impressionistischen Kunsttheorie erklären sich Skepsis und Determinismus als bestimmende Elemente seines Weltbildes: Alles, was geschieht, ist ein Spiel des Zufalls. Dem Menschen ist es weder gegeben, die nach dem rein kausalen Prinzip ablaufenden Vorgänge zu beeinflussen, noch tiefere Zusammenhänge im Geschehensablauf zu erkennen.[9]
Dazu kommt der ebenfalls aus diesen Voraussetzungen resultierende Hang zur Selbstbeobachtung, ja Selbstbespiegelung. „Das unablässige Bemühen dieser Denker, ihr Selbst zu bestimmen“[10], führt sie auf der ständigen Suche nach ihrer Identität zur Wahrnehmung noch der feinsten Nuancen ihrer Empfindungen und Stimmungen; immer ist mit dem Umschlag von gesteigerter Empfindungsfähigkeit zur Empfindlichkeit, zu nervösen Überreizungszuständen und Hypochondrien zu rechnen, den etwa in der ‚Flucht in die Finsternis‘ auch Paula bei Robert feststellt und mit den Worten kommentiert: „Beschäftigen Sie sich nicht ein bißchen zu viel mit sich selbst?“[11]
Sigmund Freud bekennt in seinem Brief vom 14. Mai 1922 zu Schnitzlers 60. Geburtstag seine „Doppelgängerscheu“. Er schreibt: „[...] Ihr Determinismus wie Ihre Skepsis [...], Ihr Ergriffensein von den Wahrheiten des Unbewußten, von der Triebnatur des Menschen, Ihre Zersetzung der kulturell-konventionellen Sicherheiten, das Haften Ihrer Ge-

---

(8) Hartmut Scheible (Anmerkung 7), S. 43.
(9) Zur ersten Orientierung über diesen Bereich der Schnitzlerschen Weltanschauung dienen die entsprechenden Abschnitte bei Hartmut Scheible (Anmerkung 7, S. 43) und in der Klett-Literaturgeschichte (vgl. Anmerkung 6), S. 55, sowie die in der Editionenausgabe bei Klett zusammengestellten Textauszüge von Anna Stroka (S. 108–112), Ernst Mach (S. 115–116) und Hermann Bahr (S. 116–118). Auf die weiterführenden Literaturangaben in den drei genannten Werken sei ausdrücklich verwiesen.
(10) Manfred Dierst (1973), Editionenausgabe S. 113/114.
(11) S. 40/8 (dieses und alle Textzitate nach der Editionenausgabe).

danken an der Polarität von Lieben und Sterben, das alles berührte mich mit einer unheimlichen Vertrautheit. [...] So habe ich den Eindruck gewonnen, daß Sie durch Intuition [...] alles das wissen, was ich in mühseliger Arbeit an anderen Menschen aufgedeckt habe."[12] – Diese Briefstelle macht deutlich, daß neben der Relativität der Wirklichkeitserfassung und neben der Auflösung des Ichbegriffs in seinem herkömmlichen Sinn auch die Erkenntnisse der *Psychoanalyse* das Denken Arthur Schnitzlers entscheidend geprägt haben, und zwar gleichzeitig mit Sigmund Freud, aber unabhängig von ihm. Grundkenntnisse der Psychoanalyse, wie die Lehre vom Bewußten und Unbewußten, die Triebunterdrückungs- und Verdrängungsmechanismen unter dem Druck der Forderungen des Über-Ich, Hypnose und Traumdeutung als Methoden der Psychotherapie, das Aufeinanderbezogensein von Sexualtrieb und Todestrieb, können heutzutage bei vielen, die mit Literatur umgehen, vorausgesetzt werden. (Zur didaktischen Aufbereitung einer Einführung oder von Teilaspekten im Oberstufenunterricht und für die Hand des Schülers wird auf die zehnbändige Sigmund-Freud-Studienausgabe im Fischer Taschenbuch Verlag hingewiesen.)

Daß Arthur Schnitzler schließlich aus Profession und spezieller Neigung auch mit der pathologischen Seite der Identitätsproblematik vertraut war, soll der Vollständigkeit halber angemerkt werden.[13]

So repräsentiert also Schnitzler das Denken seiner Zeit und findet am Anfang des 20. Jahrhunderts, mancher Gegnerschaft zum Trotz, als einer der führenden Vertreter der literarischen Moderne Anerkennung.

Für *Heinrich von Kleist* dagegen wird der geistesgeschichtliche Raum des ausgehenden 18. Jahrhunderts, aus dem er herauswächst, und zunehmend auch der konkrete existentielle Rahmen, in den er gestellt ist, zum Problem, insofern er sich durch die zeitgenössische Philosophie in seinem Denken nicht nur nicht bestätigt, sondern zutiefst verunsichert fühlt und ihm schließlich auf der Suche nach seiner Identität die tödliche Gewißheit wird, daß ihm auf Erden nicht zu helfen ist. Die Art, wie er sich in der Welt erfährt, zieht Erschütterungen nach sich, die seinen Zeitgenossen durchaus unverständlich bleiben; dementsprechend gestaltet er in seinem literarischen Werk Schicksale, die zu seinen Lebzeiten beim Publikum eher auf Ablehnung stoßen, die aber heute als erregend modern empfunden werden, weil sie an Einsichten heranführen, Abgründe ahnen und Konflikte aufbrechen lassen, die wir bisher uns Menschen des 20. Jahrhunderts vorbehalten glaubten. Dies erklärt die Faszination, die für uns heute von Kleist ausgeht, gerade auch weil dieser Autor für die Undurchdringlichkeiten, in die er seine Leser führt, keine eindeutigen Lösungswege bereithält.

Ein paar Überlegungen sollen an die *Identitätsproblematik* bei Kleist heranführen. Die dazu herangezogenen Texte sind leicht zugänglich und können, bei entsprechender Aufgabenstellung, auch Schülern zur Bearbeitung vorgelegt werden.

Zeugnis für seine Auseinandersetzung mit dem *Erkenntnisproblem* ist der Brief vom 22. März 1801 an seine Braut Wilhelmine von Zenge; Kleist berichtet darin von der Erschütterung, die Kants Erkenntniskritik bei ihm hervorrief (S. 163)[14]:

---

(12) Der Brief ist vollständig abgedruckt in der Editionenausgabe, S. 119–121.

(13) Hartmut Scheible (Anmerkung 7), S. 26.

(14) Kleists Briefe finden sich z. B. im 6. und 7. Band (München 1964) der dtv-Gesamtausgabe seiner Werke, hrsg. von Helmut Sembdner, nach der hier auch zitiert wird.

„Wenn alle Menschen statt der Augen grüne Gläser hätten, so würden sie urteilen müssen, die Gegenstände, welche sie dadurch erblicken, sind grün – und nie würden sie entscheiden können, ob ihr Auge ihnen die Dinge zeigt, wie sie sind, oder ob es nicht etwas zu ihnen hinzutut, was nicht ihnen, sondern dem Auge gehört. So ist es mit dem Verstande. Wir können nicht entscheiden, ob das, was wir Wahrheit nennen, wahrhaft Wahrheit ist, oder ob es uns nur so scheint. [...] Ach, Wilhelmine, wenn die Spitze dieses Gedankens Dein Herz nicht trifft, so lächle nicht über einen andern, der sich tief in seinem heiligsten Innern davon verwundet fühlt. Mein einziges, mein höchstes Ziel ist gesunken, und ich habe nun keines mehr -".

Kleist ist nicht der einzige junge Mensch seiner Zeit, der sich durch die Lektüre Kants aus der Bahn geworfen fühlt. In der „Kantkrise" bricht für ihn, der als 22jähriger durch die Aufstellung eines Lebensplans[15] sein Leben vor Einbrüchen des Zufalls und vor Abweichungen vom einmal festgesetzten Ziel bewahren und das menschliche Dasein berechnen wollte, der Glaube zusammen, er könnte auf rationalem Wege den Sinn des Lebens erkennen. Mit dem Scheitern dieses naiven Rationalismus, als er erfährt, daß dem Verstand des Menschen Grenzen gesetzt sind und ihm die letzte Wahrheit verborgen bleibt, kommt sein ursprünglicher Irrationalismus zu sich selbst. Das Gefühl, auf das er sich in seiner Ratlosigkeit und Verzweiflung zurückgeworfen sieht, ist ein durchaus negatives. Es ist Zuflucht vor der Bedrohung, die von einer unbegreiflichen, düsteren Welt ausgeht, der er mit „eigensinnigem Mißtrauen gegenübersteht. [...] Und die Eingeschlossenheit in sich selbst, die skeptische Isoliertheit von der Welt ist darum Kleists problematisches, höchst unkantisches Erlebnis"[16].
Der Rückzug auf das Gefühl ist für Kleist nach dem Kanterlebnis zunächst ein „Akt der Verzweiflung"[17]. Es stellt sich die Frage, ob es ihm später gelingen wird, sich seines Ich als eines sicheren Bezugspunktes in einer Welt ohne Sinn und Ziel zu vergewissern, indem er etwa aus dem Gefühl die Kraft der Selbstbehauptung schöpft; bleibt doch für den Menschen in seiner Ichfindung, nachdem sich sein Erkenntnisvermögen dazu als unfähig erwiesen hat, als die einzige verläßliche Instanz sein Gefühl.[18] Die Frage muß eher verneint werden, wenn man von den Schwankungen und Widersprüchlichkeiten in Kleists Leben ausgeht.
Einen Einblick in die *Ichproblematik* dieses Autors geben die Briefe, die bis zu seinem Tod eine Fülle von biographischen Details, Gedanken zu seinen Werken und Versuche einer geistigen Standortbestimmung enthalten. Besonders aufschlußreich für Kleists Ich-Verständnis sind seine Äußerungen über den Lebensplan (Frankfurt an der Oder, Mai 1799, an Ulrike; Berlin, 5. Februar 1801, an Ulrike), die Widerspiegelungen der Kantkrise (Berlin, 22. März 1801, an Wilhelmine; 23. März 1801, an Ulrike), die Briefe von der Parisreise an Wilhelmine (21. Juli 1801 und 15. August 1801) und an Adolfine von Werdeck (28. und 29. Juli 1801), die kurze Notiz aus Dresden vom Spätherbst 1807 an Marie von Kleist, wo er von der ‚Penthesilea' und dem ‚Käthchen' als den beiden Polen

(15) Vgl. Brief an Ulrike von Kleist, Mai 1799 (Anmerkung 14), S. 27–33.
(16) H. A. Korff (Anmerkung 1), S. 51.
(17) Bernhard Blume: Kleist und Goethe, 1946; abgedruckt in: Heinrich von Kleist, Aufsätze und Essays, hrsg. v. Walter Müller-Seidel. Wege der Forschung, Band CXLVII, [4]1987, S. 147. – Der Verfasser bezeichnet im Vergleich mit Kleist die Entdeckung des Gefühls durch den jungen Goethe als einen „Akt der Befreiung".
(18) Bernhard Blume (Anmerkung 17), S. 164: „Diese unerschütterliche Gewißheit des eigenen Ich, die das letzte ist, nachdem jede Sicherheit sonst verloren ist, nennt Kleist Gefühl."

seines innersten Wesens spricht, und natürlich die Abschiedsbriefe an Marie (10., 19. und 21. November 1811) und an Ulrike am Morgen seines Todes.
Einer dieser Briefe, in dem er über das Leben des Menschen von der Jugend bis zum Tod nachdenkt (an Adolfine von Werdeck, Paris, 28. Juli 1801):

„Ach, das Leben des Menschen ist, wie jeder Strom, bei seinem Ursprunge am höchsten. Es fließt nur fort, indem es fällt – In das Meer müssen wir alle – Wir sinken und sinken, bis wir so niedrig stehen, wie die andern, und das Schicksal zwingt uns, so zu sein, wie die, die wir verachten -"

fordert geradezu den Vergleich heraus mit Goethes im Winter 1772/73 entstandener Hymne ‚Mahomets Gesang'. 28 Jahre liegen zwischen den beiden Äußerungen. In beiden Fällen begreift ein 24jähriger das menschliche Leben im Sinnbild vom Fluß. Und doch, welch ein Unterschied! Goethes Glaubensbekenntnis vom organischen Werden, Wachsen und Reifen des Menschen bis hin zur Erfüllung im Tod, der aber nicht das Ende, sondern der Übergang in eine andere Sphäre ist, steht Kleists bedrücktes Daseinsgefühl gegenüber, aus dem heraus er in der Jugend „die üppigste Zeit des Lebens" und in der Folge nur noch den Niedergang bis hin zum endlichen Tod zu erkennen vermag.[19]
Auch ein Blick in Kleists Werk zeigt, daß das unbedingte Vertrauen zu sich eher eine ideale Forderung ist, als daß es einem seiner selbst sicheren Gefühl entspräche. Die Marquise von O... überwindet die Gefühlsverwirrung, der sie ausgesetzt ist, und findet zu sich selbst. Gustav, in der ‚Verlobung in St. Domingo', bringt die Gefühlssicherheit, die von ihm erwartet wird, nicht auf und scheitert. Aber nicht immer rettet das Bestehen der Belastungsprobe vor dem Untergang, wie auch ein Versagen ihn nicht notwendig herbeiführt. Die Ichzuversicht selbst kann problematisch sein, wie das Beispiel des Michael Kohlhaas zeigt. Nur das Käthchen geht, seiner selbst ganz gewiß, unbeirrt der Erfüllung entgegen – aber dergleichen geschieht nur im Märchen. „Versuchsbeispiele" nennt Karl Otto Conrady[20] die Kleistschen Erzählungen, und ihr Autor bleibt für ihn „selbst Fragender, ist suchender Erzähler, stellt [...] Versuchsanordnungen auf und stachelt so [...] das Nachdenken über die Bestimmung des Menschen und sein mögliches Verhalten in der Welt" (S. 733).
Es ist nur folgerichtig, daß Kleist, der sich nach der Einsicht in die Unzulänglichkeit der menschlichen Erkenntnis auf ein Gefühl stützt, dessen Tragfähigkeit ihm immer aufs neue zweifelhaft ist, *die Welt als Paradox* erlebt und in seinen Dichtungen diese Widersprüchlichkeit darstellt.
In seinem Brief vom 21. Juli 1801 an Wilhelmine berichtet er von einem Sturm, in den sein Schiff auf der Fahrt von Koblenz nach Köln geriet, und an den Schrecken, der die Reisegesellschaft erfaßte, knüpft er die Betrachtung:

„Das Leben ist das einzige Eigentum, das nur dann etwas wert ist, wenn wir es nicht achten. Verächtlich ist es, wenn wir es nicht leicht fallen lassen können, und nur der kann es zu großen Zwecken nutzen, der es leicht und freudig wegwerfen könnte [...]. Und doch – o wie unbegreiflich ist der Wille, der über uns waltet! – Dieses rätselhafte Ding [...] ein Ding, wie ein Widerspruch,

(19) Der Textvergleich eignet sich besonders gut für den Unterricht; die Anregung dazu findet sich bei Bernhard Blume (Anmerkung 17), S. 133/34.
(20) Karl Otto Conrady: Das Moralische in Kleists Erzählungen, 1963; abgedruckt in: Heinrich von Kleist, Aufsätze und Essays, hrsg. v. Walter Müller-Seidel. Wege der Forschung, Band CXLVII. Wissenschaftliche Buchgesellschaft, Darmstadt [4]1987, S. 707–735.

flach und tief, öde und reich, würdig und verächtlich, vieldeutig und unergründlich, [...] sind wir nicht durch ein Naturgesetz gezwungen es zu lieben?"

Unbegreiflich, rätselhaft, widersprüchlich ist das Leben für ihn, und dahinter waltet ein Naturgesetz, das undurchschaubar bleibt, dessen sichtbare Erscheinungsform aber das Paradox ist.
Der Widerspruch wohnt auch dem Fortschreiten der Menschheit von der Naturstufe zur kulturellen Verfeinerung inne. Paris ist für Kleist der Inbegriff des Nebeneinanders von höchster Wissenschaft und höchster Sittenlosigkeit, wie er in seinem Brief vom 15. August 1801 an Wilhelmine schreibt. Die Fortschritte in den Wissenschaften haben den Menschen unangreifbar, frei und scheinbar zum Herrscher über die Natur gemacht, aber er ist dadurch weder glücklicher noch besser geworden:

„Es mußten viele Jahrtausende vergehen, ehe so viele Kenntnisse gesammelt werden konnten, wie nötig waren, einzusehen, daß man keine haben müßte. Nun also müßte man alle Kenntnisse vergessen, den Fehler wieder gut zu machen; und somit finge das Elend wieder von vorn an."

Auf dem Wege der kulturellen Höherentwicklung sieht er die Menschheit unaufhaltsam dem Abggrund entgegenstürzen. Geradezu selbstquälerisch vertieft er den Gedanken des Widerspruchs, der über der Welt steht, immer weiter: Die Vernunft der Menschen ist unzureichend; der Zweck ihres Daseins und ihre Bestimmung bleiben ihnen verborgen; ihrem Gefühl von dem, was recht und unrecht ist, dürfen sie nicht trauen. Und von solchen Wesen wird Verantwortlichkeit gefordert! – Eine wahre Kafka-Welt tut sich da auf. Das, was uns hundert Jahre danach beinahe vertraut beunruhigend anmutet, muß Kleists Zeitgenossen, seiner Braut Wilhelmine zumal, recht unheimlich geklungen haben.
Wenn hier zwei Erzählungen von Heinrich von Kleist und von Arthur Schnitzler, ‚Die Marquise von O...' und ‚Flucht in die Finsternis', einander gegenübergestellt und für die vergleichende Behandlung im Literaturunterricht der Oberstufe empfohlen werden, so geschieht das in didaktischer und erzieherischer Absicht.
Erstens: Beide Autoren stehen an einer Jahrhundertwende und verkörpern insofern einen geistigen Umbruch, als von ihrem Werk ein Licht auf die jeweils zurücksinkende und die heraufdämmernde literaturgeschichtliche Epoche fällt.
Zweitens: Beide Texte lassen sich, da sie derselben Gattung angehören, stilgeschichtlich miteinander vergleichen.
Und: Beide Erzählungen gestalten Identitätskrisen und können als Fallstudien für Persönlichkeitsentwicklung betrachtet werden. Daß junge Menschen an der Schwelle zum Erwachsenenalter erfahren, daß eine existentielle Bedrohung nicht nur von außen an uns herantreten, sondern, stärker noch und unheimlicher, aus den verborgenen Schichten der eigenen Persönlichkeit heraufkommen und jederzeit unversehens daraus hervorbrechen kann, darin liegt die exemplarische und erzieherische Bedeutung der beiden Erzählungen. Und es ist vielleicht nicht nur statistisch bemerkenswert, daß die Jugend, die heute durch das unerhörte Erlebnis der Marquise von O... und den zwanghaften Ablauf der Brudergeschichte mit dem Denken vergangener Epochen, aber auch mit sich selbst bekanntgemacht wird, nach Kleist und Schnitzler selber wieder an einer Jahrhundertwende steht. In ihr das Bewußtsein wecken, daß auch sie zwischen den Zeiten lebt, und die Einsicht fördern, daß es jedem aufgegeben ist, Krisen – auch Identitätskrisen – zu bestehen, wenn es weitergehen soll, – das sollte über alle Wissensvermittlung hinaus heute erreicht werden.

1.2 Die beiden Autoren

Die Zusammenstellung zweier so verschiedener Autoren wie Kleist und Schnitzler mutet sicherlich zunächst merkwürdig an. Der eine macht es den *Literaturhistorikern* schwer: Kleist, der Dichter zwischen Klassik und Romantik, dessen künstlerische Eigenart sich einer eindeutigen Zuordnung aber doch letztlich entzieht. Kleist strebt immer nach dem Höchsten an Erkenntnis, an Gefühl, an dichterischer Leistung und Anerkennung und endet in Krisen und Verzweiflung. Sein Werk kennt die entfesselten Leidenschaften, die zu Vernichtung und Selbstzerstörung führen; der Friede, der Ausgleich werden darin zwar in flüchtigen Bildern sehnsüchtig beschworen, ihre dauerhafte Verwirklichung bleibt aber nur dem Traum vorbehalten. Das klassische Maß, die Bändigung der Leidenschaften, die Fähigkeit, sich zurückzunehmen, um in einem harmonischen Ganzen aufzugehen, bleibt diesem Dichter versagt. Darin ist er unklassisch. Goethe, dem alles sich absolut, sich unbedingt Gebärdende ein Greuel ist, bringt das auf die harte Formel:

„Klassisch ist das Gesunde, romantisch das Kranke".[21]

Aber romantisch ist Kleist ebensowenig[22], obwohl er zur Generation der Hochromantiker gehört und manche Züge mit ihnen gemeinsam hat (z. B. das problematische Ich-Verständnis; die Rolle des Gefühls; die Spannung zwischen dem Absolutheitsanspruch und der Wirklichkeit). Für einen Romantiker ist seine Kunst zu realistisch, sein Weltbild zu modern, seine Kenntnis von der menschlichen Seele zu analytisch. Kleist ist als Dichter, was er als Mensch gewesen ist: ein Nonkonformist, der den Umgang mit sich niemandem leicht gemacht hat, am wenigsten sich selber.

Dagegen ist der Dichter Arthur Schnitzler eindeutiger aus der Epoche heraus zu erfassen, in der er lebt. An der Schwelle zum 20. Jahrhundert, aufgewachsen in der kulturellen und geistesgeschichtlichen Tradition Österreichs, repräsentiert er die literarische Moderne der besonderen Wiener Prägung, in der traditionelle Merkmale des 19. Jahrhunderts, zeitgenössisches Gedankengut und avantgardistische Stiltendenzen zusammenfließen. Der Impressionismus in der Darstellung und Wirklichkeitserfassung bei Schnitzler, der mit der subtilen psychologischen Analyse eine zeittypische Verbindung eingeht, wird da zukunftsweisend, wo er im inneren Monolog den Bewußtseinsstrom und hinter psychologischen Krisen den Verfall der politischen und gesellschaftlichen Kultur sichtbar werden läßt. So weist Schnitzler mit einigen seiner Werke (‚Leutnant Gustl', 1900; ‚Reigen', 1900; ‚Professor Bernhardi', 1912; ‚Fräulein Else', 1924) durch die Erweiterung der Ausdrucksmöglichkeiten und thematisch ins 20. Jahrhundert, obwohl er in den meisten seiner Erzählungen und Dramen aus einem begrenzten Motivvorrat schöpft und sich innerhalb des zeitgegebenen formalen Rahmens bewegt.

Auch beim *biographischen Vergleich* zwischen den beiden Autoren überwiegen die Unterschiede:

Dem preußischen Offizier aus altem Adelsgeschlecht steht der Wiener Arztsohn aus großbürgerlichem jüdischen Elternhaus gegenüber. Beide brechen nach Jahren inneren

---

(21) Goethe: Maximen und Reflexionen. dtv-Gesamtausgabe, Band 21 (1963), S. 117.

(22) Zu Kleists Stellung innerhalb der Romantik, auch zur Abgrenzung gegen sie vgl. H. A. Korff (Anmerkung 1), S. 20/21.

Schwankens konsequent mit der von der Familientradition her vorgezeichneten Laufbahn und erkennen in der Literatur ihre Berufung. Aber das Leben des einen treibt über Brüche und Krisen der frühen Katastrophe zu; das Leben des anderen, auch wenn es von privaten Anfechtungen und politischen Anfeindungen nicht verschont bleibt, erfüllt sich in Alter und Reife.

Aus bescheidenen wirtschaftlichen Verhältnissen der eine, der andere gestützt auf ein väterliches Erbe und auf Einkünfte aus der anfangs noch betriebenen Arztpraxis, machen beide die schriftstellerische Arbeit zu ihrem Brotberuf. Kleist, dessen finanzielle Möglichkeiten ohne die Ergänzung durch kontinuierliche Einnahmen bald erschöpft sind, ist mittellos und auf die ständige Hilfe von Verwandten und Freunden angewiesen. Schnitzler gelingt es, durch seine Erfolge als Schriftsteller den wirtschaftlichen Wohlstand zu mehren und seinen gesellschaftlichen Status abzusichern.

Der Zeitgenosse Kants lebt nach der Erschütterung durch die Philosophie gegen seine Zeit; seine Figuren tragen die persönliche Verunsicherung des Autors in sich; ihre innere Widersprüchlichkeit ist im Grunde die seine. Freuds Altersgenosse lebt in der geistigen Tradition seiner Zeit; seine Figuren entstehen aus der Umsetzung des zeitgenössischen Menschenbildes ins Literarische.

Über die *Rezeption* zu ihrer Zeit sollen zwei Zeugnisse Auskunft geben. *Goethe* sagt über Kleist[23]:

„Mir erregte der Dichter [...] immer Schauder und Abscheu, wie ein von der Natur schön intentionierter Körper, der von einer unheilbaren Krankheit ergriffen wäre."

Sigmund Freud schreibt an Schnitzler:[24]

„Ich habe immer wieder, wenn ich mich in Ihre schönen Schöpfungen vertiefe, hinter deren poetischem Schein die nämlichen Voraussetzungen, Interessen und Ergebnisse zu finden geglaubt, die mir als die eigenen bekannt waren [...] Ja, ich glaube, im Grunde Ihres Wesens sind Sie ein psychologischer Tiefenforscher [...] und wenn Sie das nicht wären, hätten Ihre künstlerischen Fähigkeiten, Ihre Sprachkunst und Gestaltungskraft, freies Spiel gehabt und Sie zu einem Dichter weit mehr nach dem Wunsche der Menge gemacht."

Es ist eine Tatsache, daß der Dichter Kleist von den meisten seiner Zeitgenossen nicht verstanden wurde, während sich Schnitzler bereits zu Lebzeiten breiter Anerkennung erfreuen konnte, was in zahlreichen Ehrungen und Buchausgaben zum Ausdruck kommt. Heute gilt Schnitzler, wiewohl er an den österreichischen Theatern immer noch zu den meistgespielten Autoren zählt, eher als nur noch literaturhistorisch interessanter Vertreter seiner Epoche. Dagegen finden die Werke Kleists ein zunehmendes Interesse, vor allen Dingen auf dem Theater, je weiter unser Jahrhundert seinem Ende zuschreitet; offenbar ist es für die Botschaft, die es von diesem Dichter vernimmt, besonders empfänglich.

---

(23) Das Zitat ist abgedruckt in: Heinrich von Kleists Nachruhm; eine Wirkungsgeschichte in Dokumenten, hrsg. von Helmut Sembdner. dtv (wissenschaftliche reihe) 1977, S. 234.
(24) (Anmerkung 12).

1.3 Die beiden Erzählungen

Anders als die Gegensätzlichkeiten der beiden Autoren, was ihre äußeren Lebensumstände, ihre Stellung in ihrer Zeit und ihre Wirkungsgeschichte betrifft, weisen die beiden Erzählungen, die hier verglichen werden, viele Gemeinsamkeiten auf. Ohne daß der Werkanalyse vorgegriffen werden soll, werden mögliche Vergleichsaspekte hier schon einmal zusammengestellt und kurz angerissen. So ergibt sich ein Überblick über eine Reihe von Gesichtspunkten und roh formulierten Themen für vergleichende Untersuchungen und vertiefende Darstellung im Unterricht.

Aufbau und Form

Beide Erzählungen sind arm an äußeren Ereignissen und erhalten ihre Spannung aus der inneren Dramatik. Dem kurzen realistischen Anfang bei *Kleist*, Kriegseinbruch und Vergewaltigung, folgt der lange Selbstfindungsprozeß der Marquise. Die bewegte Handlung des Eingangs dient als Auslöser innerer Vorgänge. Wie allerdings die anfängliche Drastik durch die Aussparungstechnik gemildert ist – die Vergewaltigung wird nicht als offene Szene dem Auge des Lesers aufgedrängt, sondern im Fortschreiten der Erzählung seiner Vorstellung allmählich zugemutet –, so wird im weiteren Verlauf platte Offenkundigkeit durch Sprachlosigkeit, Verstummen und Nichtverstehen der Personen vermieden und realistisches Zurschaustellen der zögernd begriffenen Vorgänge in Ohnmachten ausgeblendet.
Eine ähnliche Verlagerung der Handlung in den seelischen Innenraum nimmt *Schnitzler* vor. Nur bildet jetzt das blutig realistische Bild das Ende der Erzählung. Die innere Entwicklung ist ein fortschreitender Selbstzerstörungsprozeß, sein Ergebnis physische Vernichtung. Auch hier bleibt dem Leser letzte Drastik erspart, indem er nicht direkt zum Zeugen der qualvollen letzten sieben Stunden im Leben Roberts wird, sondern lediglich dessen „entseelten Leib“ an der Fundstelle kurz zu sehen bekommt.
In beiden Fällen steht dem klaren äußeren Aufbau der Erzählung das unklare Bewußtsein der Protagonisten entgegen. Das Kommen und Gehen des Grafen gibt dem ersten Text seine Struktur; durch die Ortswechsel, Reisen und Besuche Roberts, ist der zweite gegliedert. Die Marquise von O... gelangt aus existenzbedrohender Verwirrung schließlich zur Erkenntnis ihrer Stellung in der Welt und zur Annahme dieser Welt trotz ihrer Unerklärlichkeit; Roberts Weg führt aus labilem seelischen Gleichgewicht durch Phasen des Selbstzweifels und der trügerischen Hoffnung in die Finsternis des Wahnsinns. Beide Autoren protokollieren den Verlauf einer Ichkrise.

Raum und Zeit

Wie in einem Protokoll haben sie auch die Schauplätze und den zeitlichen Ablauf des Geschehens – beinahe – nachprüfbar festgelegt. In einer Mischung aus Realismus und Verschleierung siedelt Kleist seine „wahre Begebenheit“ in Oberitalien an und läßt sie am Anfang des 19. Jahrhunderts spielen. Allerdings macht er die Rekonstruktionsversuche des um topographische und historische Daten Bemühten durch die Bemerkung zunichte, er habe den Schauplatz vom Norden nach dem Süden verlegt.[25] Wo und wann die Geschichte der Marquise gespielt haben soll und ob sie sich überhaupt ereignet hat, ist im Grunde ohne Bedeutung. Ähnlich ergeht es dem Leser, der die letzten Wochen in Roberts Leben räumlich und zeitlich nachvollziehen möchte. Er reist von der dalmatinischen Küste nach Wien, verbringt ein paar Tage auf dem Semmering, dann folgt eine Reihe von Tagen wieder in Wien. Die Zeit: ein Spätherbst um die Jahrhundertwende. Aber auf der letzten Reise verliert sich die Spur in der Fiktion. Ein Marktflecken, vier Stunden Bahnfahrt vom Wiener Westbahnhof entfernt, von Bergen gesäumt, an der Ache – das klingt sehr realistisch, kann aber in Österreich überall und nirgends sein. In beiden Erzählungen ist der Realismus in der Schauplatzgestaltung nicht Selbstzweck, sondern ein Kunstmittel, das an Bedeutung hinter der psychologischen Wahrheit zurücktritt, weil es beiden Autoren weniger um die Authentizität einer bestimmten Raum- und Zeitsituation als um die Wechselbeziehung von Ich und Wirklichkeit zu tun ist. Wie einerseits äußere Einflüsse eine innere Entwicklung in Gang setzen, indem sie bereits vorhandene personale Anlagen zur Entfaltung bringen und so das Ich dazu führen, daß es sich selbst problematisch wird, so wird andererseits die Wirklichkeit zunehmend mit den Augen der in ihrer Identität Verunsicherten gesehen. Aus ihrem Blickwinkel ist die Welt undurchschaubar und widersprüchlich und wird umso mehr als existenzbedrohend empfunden, je weniger sie ihr ein klares Ichbewußtsein entgegensetzen können. In beiden Fällen überlagert die Weltsicht aus dem Blickwinkel eines gefährdeten Ich den Realismus der Erzählung.

Perspektiven

Kleist übernimmt als Erzähler die Rolle des objektiven Berichterstatters, indem er sich an die von außen sichtbaren Fakten hält und nur selten über die inneren Vorgänge seiner Figuren spricht. Er „gibt dem Leser die Indizien zur Auflösung eines Kriminalrätsels in die Hand“[26] und läßt ihn über die tatsächlichen Begebenheiten selbst den Weg suchen in die Vielschichtigkeit des menschlichen Inneren. An wenigen Stellen erhellt aus einer ironischen Färbung des Tatsachenberichts der volle Überblick des Erzählers über die Einzelheiten des Geschehens. Die *Rolle des Erzählers* ist bei Kleist also leichter zu bestimmen als bei Schnitzler. Dieser arbeitet mit innerem Monolog und erlebter Rede, ohne sich indes mit seiner Figur zu identifizieren. Vielmehr tritt neben die subjektive Perspektive der Figur auch der objektive Bericht des Erzählers, jedoch oft so, daß erlebte Rede und Bericht ineinander übergehen oder aufeinander folgen.[27] Entsprechend wichtig wird, was beide Autoren über die *Gebärden* ihrer Personen bemerken. Oft geben deren Bewegungen, die bewußten oder unbewußten Gesten, ja die über das vegetative Nervensystem gesteuerten Veränderungen den einzigen Hinweis auf die wahren Vorgänge in ihrem Inneren, so etwa in Fällen, wo die Figur sich ihrer selbst nicht bewußt wird

---

(25) Vgl. Heinz Politzer: Der Fall der Marquise, 1977; Textauszug in der Editionenausgabe, S. 53/54.

(26) Lilian Hoverland: Heinrich von Kleist und das Prinzip der Gestaltung. Scriptor, Königstein i. Ts. 1978, S. 152.

(27) Entsprechende Textstellen sind gesammelt und erläutert bei William H. Rey, Textauszug in der Editionenausgabe, S. 135/36.

und der Erzähler in seiner Distanzhaltung verharrt. Die Bedeutung der Gebärden ist für das richtige Textverständnis so wichtig, daß z. B. dem Kleistschen Text wie einem Drehbuch minutiöse Anweisungen für die Filmregie entnommen werden können.[28]
Von der Gebärde als einem Indikator seelischer Befindlichkeiten führt der Weg zu der Frage des psychologischen Interpretationsansatzes. *Schnitzler*, als Zeitgenosse Freuds selber mit den Erkenntnissen der modernen Psychoanalyse vertraut, legt das dichterische Psychopathogramm eines schizophrenen Verfolgungswahns vor. Man wird seiner Erzählung deshalb sicherlich zum Teil gerecht, wenn man ihren medizinischen Aspekt mit der psychoanalytischen Begriffsterminologie zu erfassen versucht. Aber schon für eine über den Krankheitsfall hinausgehende literarische Würdigung sowie zur Erklärung ihrer exemplarischen Aussage wird dieser Ansatz zu eng sein; andere Kategorien werden dazukommen müssen.
Anders verhält es sich mit *Kleist*. Dieser Autor beweist hundert Jahre vor der Entstehung der wissenschaftlichen Psychoanalyse und ohne Kenntnis von deren Gedanken- und Begriffsgebäude einen psychologischen Scharfblick, der seine heutigen Leser in Erstaunen setzt. Deshalb verwundert es nicht, daß heute in zunehmendem Maße die moderne Seelenkunde herangezogen wird, um vielleicht über die Schwierigkeiten der Interpretation hinwegzuhelfen. Lilian Hoverland[29], die über die Ursachen für das neuerwachte Interesse an Kleist nachdenkt, konstatiert „ein beginnendes Weichen der nahezu verknöcherten, vom Anfang unseres Jahrhunderts stammenden Kleist-Deutung" seit dem Ende der sechziger Jahre sowie die „neue Sensibilität" in einem Jahrzehnt, das wieder mehr „dem intimen Erlebnis und der Innerlichkeit" aufgeschlossen ist, und sie erwartet mit Roland H. Wiegenstein, den sie in diesem Zusammenhang zitiert, daß es unserer Zeit gelinge, „tiefere, noch nicht vollends entdeckte Schichten in Kleists Werk" zu erschließen. Also die Wiedergeburt der Kleistdeutung aus dem Geiste der Psychoanalyse? Die Hoffnung der Interpreten, die Schwierigkeiten, die ihnen Kleist bereitet, mit Hilfe der Psychoanalyse auszuräumen, erklärt die Tatsache, daß Kleists Leben und Werk heute zum Tummelplatz literarisch ambitionierter Psychologen geworden ist. Dabei kann der psychologische Ansatz für die Werkinterpretation durchaus fruchtbar sein, wenn er als eine Möglichkeit neben anderen betrachtet wird und wenn man dabei mit der notwendigen Behutsamkeit vorgeht. Ein abschreckendes Beispiel moderner Kleistdeutung bietet Peter Dettmering.[30] Gegen derartige Versuche richtet sich Gerhard Frikkes Verdikt der „alles verstehen wollenden Zudringlichkeit, die im Namen irgendeiner Wissenschaft und Psychologie [...] darin [sc. in das Verborgene in Kleists Leben und Sterben] einzudringen versucht, – um es dann mit einigen Modekategorien, Hyperbeln und „steilen" Exklamationen den eigenen seelischen und begrifflichen Möglichkeiten einzuordnen".[31] Grundsätzlich sollte Müller-Seidels Wort gelten, mit dem er die Inter-

(28) Eric Rohmer in der Editionenausgabe, S. 81–83.
(29) Lilian Hoverland (Anmerkung 26), S. 21/22.
(30) Peter Dettmering, 1975; Textauszug in der Editionenausgabe, S. 72–74.
(31) Gerhard Fricke: Gefühl und Schicksal bei Heinrich von Kleist, 1929; Nachdruck: Wissenschaftliche Buchgesellschaft, Darmstadt 1972, S. 151. Lesenswert ist auch der Vortrag von Erich Heller: Die Demolierung eines Marionettentheaters oder: Psychoanalyse und der Mißbrauch der Literatur. Abgedruckt in: Kleists Aktualität, Neue Aufsätze und Essays 1966–1978, hrsg. v. Walter Müller-Seidel in: Wege der Forschung, Band 586. Wissenschaftliche Buchgesellschaft, Darmstadt 1981, S. 261–280.

preten Kleists davor warnt, „ihn aus dem geistigen Raum herauszulösen, in den er gehört".[32]

Und ein Weiteres haben Kleists und Schnitzlers Erzählungen gemeinsam: Beide Werke sind während persönlicher Krisen entstanden und haben in Zeiten innerer und äußerer Verunsicherung zur seelischen Stabilisierung ihrer Autoren beigetragen. *Kleist* schreibt die ‚Marquise von O...' im Sommer 1805 in der Zurückgezogenheit des Ostseebades Pillau, nachdem ihn seelische Zerrüttung und, in deren Folge, körperliche Krankheit zur Aufgabe des erst wenige Monate zuvor angetretenen Amtes im preußischen Staatsdienst gezwungen haben. *Schnitzler* arbeitet von 1912 bis 1917 an mehreren Fassungen seiner „Wahnsinnsnovelle". Sie bleibt dann liegen, bis sie 1931 in überarbeiteter Form genau an seinem Todestag erscheint.[33] Das Bekenntnis, er schreibe sich seine eigenen Zwangsvorstellungen von der Seele, deutet in der ersten Schaffensphase auf Schnitzlers Betroffenheit über die Tragödie des Weltkriegs. Als er das Manuskript dann wieder vornahm, es umarbeitete und sich zur Veröffentlichung entschloß, waren die geistige Unterdrückung durch den aufkommenden Faschismus und Antisemitismus, die drohende Entrechtung und Entpersönlichung des Individuums die Begleitumstände seines Lebens. – Eine Wechselbeziehung von Literatur und Leben? Die Entstehungsgeschichte beider Werke legt den Schluß nahe, daß die geistige Sammlung, zu der sich ihre Autoren in Phasen der Bedrohung von außen und der Gefährdung von innen gefunden haben, ihnen den Blick für die Widersprüchlichkeit in der menschlichen Seele geschärft hat und daß sie aus einer derart gesteigerten Sensibilität heraus modellhaft seelische Krisen gestaltet haben, in deren Verlauf den Protagonisten die eigene Identität fragwürdig wird. Der Weg aus der Krise führt in dem einen Fall zur Selbstbehauptung, im anderen zur Selbstvernichtung. Kleist, der sechs Jahre später aus dem Wundsein seiner Seele und aus unheilbarer Trauer für seine Person die Konsequenz ziehen wird, in den Tod zu gehen, führt seine Figur ins Leben zurück; der Dichter-Arzt Schnitzler stellt einen Fall dar, dem aus medizinischer Sicht nicht mehr geholfen werden kann.

---

(32) Walter Müller-Seidel: Die Struktur des Widerspruchs in Kleists ‚Marquise von O...', 1954; abgedruckt in: Heinrich von Kleist, Aufsätze und Essays, hrsg. v. Walter Müller-Seidel. Wege der Forschung, Band CXLVII. Wissenschaftliche Buchgesellschaft, Darmstadt ^{4}1987, S. 268.
(33) Zur Entstehung der Novelle vgl. Editionenausgabe, S. 130–132.

2 Heinrich von Kleist: ‚Die Marquise von O...'

2.1 Wege zu Kleist

Es gibt mehrere Wege zu Kleist. Alle führen nur zu einem Teilverständnis seiner vielschichtigen Persönlichkeit und lassen jeweils einzelne Aspekte seines Werkes in einem deutlicheren Licht erscheinen. Da ist zuerst der Versuch, seine Dichtungen aus seiner *Biographie* zu erklären.

Kleists Leben führte über Abbrüche und Neuanfänge, über großangelegte Pläne und deren Scheitern, durch körperliche und seelische Zusammenbrüche in den absichtlich herbeigeführten Tod. Er stand, innerlich einsam, in einer verwirrenden, widersprüchlichen Wirklichkeit; sein Leben, seine Persönlichkeit blieben ihm letztlich rätselhaft. Aber er ist kein Zyniker, kein Nihilist geworden, und auch sein Pessimismus erklärt nicht seinen ganzen Charakter. Gewiß war er, wie Kafka, der seine Erzählungen über alles schätzte, ein pathologischer Fall; aber für ihn gilt, ähnlich wie für Kafka: „Bliebe bei Kleist nichts als seine Neurose, gäbe es sein Genie nicht".[34] Bei aller Ruhelosigkeit seines unsteten Lebens war er stets auf der Suche nach einem Ruhepunkt, der ihm äußere und innere Sicherheit geben sollte: in der Verlobung und einer künftigen bürgerlichen Ehe; in dem Versuch, sich als Bauer niederzulassen; im Staatsdienst und schließlich in der Dichtung, die ihm erlaubte, was ihm im Leben versagt blieb: „den Schritt von der unverarbeiteten Wirklichkeit zu ihrer Durchgestaltung in der Einbildung vorzunehmen oder an die Welt mit feststehenden Bildern beziehungsweise mit bestimmten Denkschemata heranzutreten".[35]

Obwohl von Kleists Leben gewisse Schlaglichter auf sein Werk fallen, verspricht es insgesamt doch nur einen Teilerfolg, dieses aus jenem begreifen zu wollen, da für ihn umgekehrt die Dichtung den Versuch darstellt, die Vielfalt der Erscheinungen des wirklichen Lebens ordnend festzuhalten.

Schwieriger als bei anderen Dichtern ist es bei Kleist, das einzelne Werk isoliert für sich zu betrachten und aus sich heraus verstehen zu wollen. Erfolgverheißender ist es, einen bestimmten Text auch im *Rahmen des Gesamtwerkes* zu sehen und von ihm aus zu interpretieren. So sollte man das Schicksal der Marquise von O... mit dem Alkmenes oder Penthesileas vergleichen und die Gefühlswelt Käthchens danebenstellen; der Vergleich mit den anderen Erzählungen Kleists liegt ohnehin nahe. Dann erst eröffnet sich dem Betrachter die ganze paradoxe, widersprüchliche Welt der Kleistschen Dichtung, und er erkennt, daß ihr Autor keine fertigen Lehren anbietet, wie im konkreten Fall die Widersprüchlichkeit denn aufzulösen sei. Er erkennt aber jenseits aller logischen Unvereinbarkeit das Walten des Gefühls, welches allein dem Zweideutigen nicht unterworfen ist.[36] Gleichgültig ist dabei die Frage nach dem jeweiligen Ausgang, nach Sieg

(34) Erich Heller (Anmerkung 31), S. 262.
(35) Lilian Hoverland (Anmerkung 26), S. 5.
(36) Zum Verhältnis von Gefühl und Widerspruch bei Kleist vgl. Walter Müller-Seidel (Anmerkung 32), S. 263/264.

oder Niederlage; wesentlich ist allein die Gewißheit, daß das Gefühl vorhanden ist und eine Gegenwelt der Widerspruchslosigkeit garantiert – und sei es außerhalb der Wirklichkeit, in der Idee.

Natürlich führt zu Kleist auch die *Literatur*, ja, unter den Wegen zu diesem Dichter ist sie der wichtigste. Allerdings ist allein die nach 1920 erschienene Kleistliteratur so umfangreich, vielfältig in ihren Aspekten und widersprüchlich in ihren Interpretationsansätzen, daß sie den auf rasche Orientierung angewiesenen Lehrer eher verwirrt.

Vier Einzeldarstellungen zur ‚Marquise von O...‘ erwiesen sich als besonders hilfreich und seien an dieser Stelle ausdrücklich erwähnt:

1. *Gerhard Fricke*: Gefühl und Schicksal bei Heinrich von Kleist, 1929; Nachdruck, Wissenschaftliche Buchgesellschaft, Darmstadt 1972, S. 136–139; vgl. auch Anmerkung 31. – Die Marquise ist durch das Verhängnis, das über sie hereinbricht, in ihrer menschlichen Existenz bedroht: in dem Verhältnis zu den Ihren, in der Gewißheit ihres Ichs und in ihrem Glauben an die göttliche Ordnung. In dieser Situation findet sie aus Verzweiflung gegenüber einem sinnlosen vernichtenden Schicksal zu einer ganz anderen Haltung: zur bejahenden Annahme der rätselhaften Wirklichkeit. Der Schmerz führt die Marquise zu sich selbst. Das, wogegen sie sich anfangs noch wehrt, erkennt sie schließlich als das Soll ihrer Existenz. Jenseits aller rationalen Durchschaubarkeit liegt die aus dem Gefühl stammende Gewißheit des Ichs, seines Wesens und seiner Bestimmung. Die Kraft, das Schicksal zu überwinden, kommt aus dieser Gewißheit. – Weniger gerecht wird Fricke dem zweiten Teil der Erzählung, der für ihn nur noch die notwendige Auflösung des Geschehens ist.

2. Einen ähnlichen Weg wie Fricke beschreitet *H. A. Korff*: Das Wunderbare in Kleists Novellen. In: Geist der Goethezeit, Band IV, 1953; Nachdruck Wissenschaftliche Buchgesellschaft, Darmstadt [10]1979, S. 85–90; vgl. auch Anmerkung 1.

Korff sieht in der düsteren Welt der Kleistschen Novellen, in der die Grundfesten der irdischen Ordnung und menschlichen Gesittung bedroht werden, den Einbruch des Wunderbaren. Der Mensch ist aufgerufen, dem äußeren Chaos seine Charakterstärke entgegenzusetzen und seine Würde zu bewahren. Der Zwiespalt, in den sich die Marquise gestellt sieht, nämlich die Tatsache ihrer Schwangerschaft anzuerkennen, ohne sie zu verstehen, und trotzdem an ihr reines Gewissen zu glauben, setzt in ihr die seelische Kraft frei, aus der heraus sie die Abgründigkeit des Lebens überwindet. – Ähnlich wie Fricke erblickt Korff in der langsam gewährten Verzeihung des zweiten Teils der Erzählung nur noch eine mit Resignation vermischte Nachgeschichte, an der der Autor im Grunde nicht mehr sonderlich interessiert sei.

3. Schlüssiger erklärt die Zweiteilung der Erzählung *Walter Müller-Seidel*: Die Struktur des Widerspruchs in Kleists ‚Marquise von O...‘, 1954; in: Wege der Forschung, Band CXLVII: Heinrich von Kleist, Aufsätze und Essays, hrsg. von Walter Müller-Seidel. Wissenschaftliche Buchgesellschaft, Darmstadt [4]1987, S. 244–271; vgl. Anmerkung 32. Für ihn enthält das erste Sichfinden der Marquise, als sie sich zu ihrem Kind bekennt, noch nicht die endgültige Lösung; dann erst gerät sie in eine weit tiefere Existenzkrise, als sie erfährt, durch wen und unter welchen Umständen sie Mutter geworden ist. Obwohl sie den Grafen von Anfang an liebt, bleibt ihr Gefühl verwirrt. Sie löst sich aus dieser Verwirrung in zwei Schritten, indem sie zuerst ihrem mütterlichen Gefühl folgt und sich dann erst der Gattenliebe öffnet; dazwischen verweilt sie im Überdenken der Tat. Die Handlung strebt einem ersten Gipfelpunkt zu, staut sich in der Mitte und steigert sich dann in einem zweiten Gipfel. Die Marquise erfährt die Gebrechlichkeit

der Welt und beweist durch ihr eigenes Beispiel, daß in dieser Welt dennoch das Göttliche wirksam ist. In der zweigeteilten äußeren Form spiegelt sich der Gefühlszwiespalt der Protagonistin und dessen endliche Überwindung durch die Kraft des Gefühls.
4. *Lilian Hoverland* erprobt in ihrem 1978 erschienenen Buch (Heinrich von Kleist und das Prinzip der Gestaltung, Königstein i. Taunus, 1978; vgl. Anmerkung 26) ausdrücklich eine neue Richtung der Kleist-Interpretation, indem sie behutsam das psychologische Wissen unserer Zeit hereinnimmt. Sie geht aus von einer doppeldeutigen Wirklichkeit bei Kleist. Immer verhilft dabei das äußere Geschehen bereits gegebenen Verhältnissen und Anlagen zu ihrer Entfaltung, nie bewirkt es eine Veränderung im Kern der menschlichen Person. Mit der Welt konfrontiert, gelangen Kleists Figuren von einem undifferenzierten Dasein zur Handhabe ihrer besonderen geistigen Fähigkeiten. – Unter der Kapitelüberschrift „Das erstarrte Bild“ stellt die Autorin drei Erzählungen zusammen, deren Hauptfiguren dem Geschehen gegenüber eher passiv bleiben und eine bis zuletzt unentschiedene Haltung zur Wirklichkeit einnehmen: ‚Die Marquise von O...‘; ‚Die Verlobung in St. Domingo‘; ‚Der Findling‘. Für Lilian Hoverland ist die Marquise von Anfang an Mitwisserin und geheime Mittäterin, die sich mit der Hingabe an den Grafen gegen den eigenen Vater und die Gesetze der Gesellschaft wendet und ihr Wissen um das Vorgefallene bis zuletzt verdrängt. Der psychologischen Situation der Dreiecksbeziehung ordnet die Verfasserin die einzelnen Stationen der Erzählung zu und interpretiert sie in diesem Zusammenhang, so auch bislang nur schwer erklärbare Szenen – z. B. die Versöhnung zwischen Vater und Tochter –, was ihr allerdings nicht immer schlüssig gelingt.[37]
Diese und andere Interpretationen mögen Orientierungshilfen für einen wissenschaftlich abgesicherten Unterricht geben. Keine kann für sich Ausschließlichkeit beanspruchen. Der Lehrer, der ein überzeugendes Kleistbild vermitteln will, wird mehr als bei anderen Dichtern eine persönliche Entscheidung treffen müssen, von welchem Interpretationsansatz er ausgeht und zu welchen Ergebnissen er führt. Er tut aber gut daran, zu einzelnen Fragestellungen auch abweichende Meinungen zu Wort kommen zu lassen, um die Aufmerksamkeit auf die Vielschichtigkeit in Kleists Werk zu lenken.
Im Interesse eines möglichst offenen Textverständnisses werden in den folgenden Kapiteln hin und wieder auch Anregungen für eine kontrastive Betrachtungsweise gegeben. Denn noch immer gilt, was Gerhard Fricke auf der ersten Seite seines Buches feststellt, „daß das Geheimnis dieses ‘unaussprechlichen Menschen’ allem [...] Aufwand zum Trotz, auch den ernsthaften und tiefen Erkenntnissen der Forschung zum Trotz – wesentlich ein Geheimnis geblieben ist“.

---

(37) Offen bleibt z. B. die Frage, wie die Marquise schließlich dazu gelangt, sich aus der Vaterbindung wieder zu lösen; und fragwürdig ist der Erklärungsversuch, wie die Äußerung des Vaters zur Unschuld der Marquise („o! sie ist unschuldig [...] Sie hat es im Schlaf getan“, 33/2–4) denn aufzufassen sei, wenn die Verfasserin schreibt: „Wie auch an anderen Stellen in Kleists Werk enthebt sich hier ein gewisses Moment des Werkes dem unmittelbaren psychologischen oder sonst tatsächlichen Zusammenhang und weist direkt in den inneren Bedeutungsnexus des gesamten Werkes“, und wenn sie solchen „logisch nicht erklärbaren Szenen“ jeweils eine „besondere Gewichtigkeit“ zuschreibt.

2.2 Der Anfang der Erzählung

Es lohnt sich, nach der vorbereitenden Lektüre des ganzen Textes zunächst den Anfang in genauen Augenschein zu nehmen, weil in ihm die wesentlichen stilistischen, strukturellen, motivlichen und psychologischen Eigentümlichkeiten der Erzählung bereits voll entfaltet sind. Vom Einleitungssatz, der unvermittelt die unter den obwaltenden Umständen gewiß merkwürdige Tatsache der Zeitungsanzeige mitteilt, über die kurze Rückschau auf die vergangenen drei Jahre im Leben der Marquise bis zu der nach dem Sturmangriff und nach der Übernahme des Forts durch die russische Besatzung erfolgten Übersiedelung der Kommandantenfamilie in ein Stadthaus reicht dieser erste Textabschnitt, an dessen Ende es heißt: „Alles kehrte nun in die alte Ordnung der Dinge zurück" (8/21).

2.2.1 Stil

Das erste, was auffällt, ist die *Verschlüsselung* der Orts- und Personennamen. Durch die Beschränkung auf die Anfangsbuchstaben wird der Eindruck erweckt, es handle sich um ein exakt lokalisierbares historisches Ereignis, das gleichzeitig aber aus Gründen der Diskretion dem genauen Nachvollzug entrückt worden sei. Dieser Mischung aus Tatsachentreue und Verschleierung entspricht auch die den Titel ergänzende Bemerkung von der wahren Begebenheit und der Schauplatzverlagerung vom Norden nach dem Süden. Dazu kommt die Wahl der dritten Person und der Vergangenheit als Erzähltempus – eine Perspektive, die bis zum Schluß der Erzählung durchgehalten wird – sowie die ausschließliche Verwendung der indirekten Rede im Eingangskapitel, die im weiteren Verlauf nur an wenigen Stellen der direkten Rede weichen wird. Die Erzählung ist also in der Form einer *Chronik* geschrieben, die der Genauigkeit des sachlichen Berichts verpflichtet ist.
Der Chronikstil bedingt auch *die zeitliche Disposition*. Die Ereignisse während der Belagerung sind zwei Tageszeiten zugeordnet: Dem „nächtlichen Überfall" (4/1) folgen die Aktionen nach Tagesanbruch (6/16) bis zum Abzug der feindlichen Truppen. Und auch innerhalb dieser beiden deutlich voneinander abgesetzten Teile addiert sich jeweils die gesamte Zeitspanne aus kleinen und kleinsten Zeitelementen mit Hilfe zahlloser *Temporaladverbien*. Unter diesen sind besonders viele, die die Schnelligkeit des zeitlichen Fortschreitens betonen (schon; in kurzer Zeit; schleunigst; ungesäumt; in diesem Augenblick; in weniger als einer Stunde), wie auch die auffallenden Inversivkonstruktionen (eben ... als; bald darauf ... als; noch ... als), die die durativen Begleitumstände jeweils in einem Hauptsatz und das ingressive Geschehen in einem Nebensatz vorführen, was eine bemerkenswerte Dynamik des Berichteten zur Folge hat. Mit dem Ende der Kampfhandlungen und dem Rückzug der Soldateska verlangsamt sich der Ablauf der Ereignisse bis zur Wiedereinkehr der alten Ordnung; der sich beruhigende Rhythmus wird durch die jetzt überwiegende Zeitpartikel „nun" sinnfällig gemacht. Der bewußt durchgehaltene Berichtsstil und die andrängende Folge der in einzelne Zeiteinheiten zerlegten Handlung sind aufeinander bezogen; die Gleichzeitigkeit von strenger Sachlichkeit und atemberaubender innerer Bewegung der Vorgänge kennzeichnet die Kleistsche Kunstprosa.
Dazu gehört auch der für diesen Dichter charakteristische *Satzbau*, der gleich an mehreren Stellen des Einleitungskapitels nicht nur dem ungeübten Leser das mühelose und

rasche Aufnehmen des Textes erschwert. Überzeugend sind die Textbeispiele und Satzbeschreibungen Siegfried Bokelmanns im Materialienteil[38]:

Erstes Beispiel (Text S. 3/28–33; dazu Mat. S. 58/7–18)
Man lasse diesen Satz in die uns geläufige Sprachform umsetzen und stelle dann die beiden Satzbaupläne nebeneinander.

Umsetzung (Beispiel)

Während die Frauen *noch* überlegten,
welche Bedrängnisse in der Festung zu erwarten seien
und mit welchen Greueln sie auf dem Lande zu rechnen hätten,
wurde die Zitadelle *bereits* bestürmt.

Original

Doch ehe sich die Abschätzung *noch*,
hier der Bedrängnisse,
denen man in der Festung,
dort der Greuel,
denen man auf dem platten Lande ausgesetzt sein konnte,
auf der Waage der weiblichen Überlegungen entschieden hatte:
war die Zitadelle ... *schon* berennt ...

Man erkennt auf einen Blick: Der Autor arbeitet mit Antithesen, verschachtelt mehrere Nebensätze ineinander und spannt den Bogen von der Konjunktion zum abschließenden Verb extrem weit; der Doppelpunkt setzt mit unerbittlicher Trennschärfe den Hauptsatz vom Nebensatz ab; im Original steht das Plusquamperfekt, mit dem das heutige Deutsch nichts Rechtes mehr anzufangen weiß. – Dieser sprachliche Befund sollte nun auf die dargestellten Vorgänge bezogen werden: die Unschlüssigkeit der aufgeregt diskutierenden Frauen; den unvermittelten Einbruch des Sturmangriffs in die noch nicht abgeschlossenen Überlegungen; das Sichüberstürzen der Vorgänge, das Tatsachen schafft, noch ehe man sich ihrer versieht. Jetzt wird verständlich, was Bokelmann über die Durchdringung von Inhalt und Satzbau sagt: „Man spürt förmlich aus dem Satzgefüge das Schwanken der Gedanken heraus [...] das Geschehen ist schneller als die Überlegung, der elementare Wille mächtiger als der wägende Verstand."

Zweites Beispiel (Text S. 4/16–30; dazu Mat. S. 57/8–29)
Die Schüsse auf dem Vorplatz treiben die Marquise in das brennende Gebäude zurück. „Hier, unglücklicher Weise, begegnete ihr [...]": Die Vorausstellung des adverbialen Genitivs antizipiert das Geschehen; was immer die folgenden Sätze berichten, sie bringen nichts Gutes. Zuerst ist es nur eine böse Ahnung, daß ihr aus der Begegnung mit zunächst Ungenannten Unheil erwachsen, auch daß ihrem Fluchtversuch kein Erfolg beschieden

(38) Siegfried Bokelmann: Betrachtungen zur Satzgestaltung, 1957/58; Editionenausgabe, S. 56–58.

sein wird. Zwischen das vorangestellte Prädikat („begegnete ihr") und das Subjekt („ein Trupp") ist ein Nebensatz eingeschaltet („da sie eben [...] entschlüpfen wollte"); so bleibt die angekündigte Bedrohung noch in der Schwebe. Die Ahnung verdichtet sich, als dann gesagt wird, wer es ist, der ihr begegnet: „ein Trupp feindlicher Scharfschützen, der [...] sie [...] mit sich fortführte". Was ist alles zwischen das Relativpronomen und das abschließende Verb eingefügt! Zunächst wieder eine Adverbiale („bei ihrem Anblick"), wieder durch Kommata abgesetzt[39]; der Fluß des Satzes ist erneut unterbrochen, und man sieht sie vor sich, die dümmlich gaffenden Gesichter, denen durch den Singular des Relativsatzes jede Individualität aberkannt ist: Lüsternheit und Gewaltbereitschaft in der feigen Sicherheit des Kollektivs. Und in stillschweigendem Einvernehmen handeln die Entführer jetzt entschlossen. Der abermalige adverbiale Einschub („unter abscheulichen Gebärden") bestätigt es: Die Marquise befindet sich in ihrer Gewalt. Aus der Ahnung ist Wissen geworden; ihr Schicksal scheint besiegelt. Daran ändern wohl auch ihre Hilferufe nichts, zumal da der Satzbau („Vergebens rief die Marquise [...] ihre [...] Frauen, zu Hülfe") sinnfällig macht, welch weiten und vermutlich vergeblichen Weg „das Prädikat ‚rief‘ [...] bis zu seinem Objekt ‚Frauen‘ und der Ergänzung ‚zu Hülfe‘" hat (Bokelmann, S. 57). Und doch kommt die Rettung in Gestalt eines russischen Offiziers. Das Unerwartete seiner Erscheinung verdeutlicht der für die Kleistsche Prosa so charakteristische inversive Temporalsatz („wo sie eben [...] als [...]"), der befreiend ausklingt in dem rhythmisierten Halbsatz („mit wütenden Hieben zerstreute"). Das Gefühl der Erleichterung über diese Rettung in letzter Minute spricht auch aus dem abschließenden kurzen Hauptsatz: „Der Marquise schien er ein Engel des Himmels zu sein".

In virtuosem Stilgefühl zerlegt der Autor seine Satzgefüge in Einheiten von unterschiedlicher Länge und fügt sie der inneren Notwendigkeit entsprechend zusammen. Daß Kleists Stil an die Konzentration und das Sprachverständnis des Lesers hohe Anforderungen stellt, erweckt anfangs Befremden, vielleicht sogar Unmut. Der Lehrer sollte diesen Umstand nutzen und immer wieder anhand von Stilanalysen exemplarisch die Gesetzmäßigkeiten des sprachlichen Kunstwerks erlebbar machen.

2.2.2 Struktur

Nach diesen Beobachtungen zum Stil führt die Analyse der Struktur zu einer weiteren Erkenntnis. Dazu gliedern wir zuerst den einleitenden Textteil:

(39) Helmut Sembdner (Kleists Interpunktion, 1962; in: Wege der Forschung, Band CXLVII, Wissenschaftliche Buchgesellschaft, Darmstadt [4]1987, S. 605–634) spricht, unter Berufung auf Ernst Grumach und Manfred Windfuhr, von einer Vortragsinterpunktion, die zur Kleistschen Dichtung gehört wie Tempi- und Modi-Bezeichnungen zur Musik.

S. 3/1–8	Die Zeitungsanzeige
S. 3/8–22	Rückblende: die letzten drei Jahre
S. 3/22–4/2	Der Sturmangriff
S. 4/3–5/3	Die Bedrängnis und 'Rettung' der Marquise
S. 5/4–6/16	Der russische Offizier im Kampf
	Der Kommandant ergibt sich
	Die Dankbarkeit der Marquise
S. 6/16–7/24	Die Strafaktion des Befehlshabers
	Der Abzug der Russen
S. 7/25–8/12	Der Augenzeugenbericht vom Tod des Grafen F.
	Die Selbstvorwürfe der Marquise
S. 8/13–8/21	Die alte Ordnung der Dinge

In sachlichem Stil, in klarer chronologischer Folge und in einer sehr realistischen Sprache, die auch drastische Einzelheiten nicht ausläßt, werden die Vorgänge der eine Nacht und einen Tag dauernden Belagerung und deren Folgen berichtet, und beruhigend fügt der Autor hinzu, daß am Ende der Turbulenzen die alte Ordnung der Dinge zurückgekehrt sei. Der Leser, der das Weitere noch nicht kennt, ist zufrieden. Der kundige Leser aber weiß, daß die beschworene Ruhe nur scheinbar ist und von einer Wiederherstellung des alten Zustandes keine Rede sein kann.

- Die Marquise sei gerettet und habe nach all der Aufregung ihr Wohlbefinden zurückerlangt: Tatsächlich wurde sie vergewaltigt und sieht ihrer Schwangerschaft entgegen.
- Die Unholde, die sich an ihr vergreifen wollten, sind bestraft zur Ehrenrettung der Dame und der Armee: Das ist allerdings nicht die ganze Wahrheit.
- Die Feinde ziehen zwar ab, aber die Folgen werden in Kürze sichtbar werden.
- Augenzeugen vermelden den Tod des Retters. Die Wahrheit ist, daß er lebt und demnächst für weitere Verwirrung sorgen wird.

Wo der Anschein von wiedergewonnener Sicherheit und Ruhe erweckt wird, ist in Wirklichkeit der Knoten geknüpft. Der Widerspruch, der von Müller-Seidel als inneres Baugesetz der Erzählung erkannt wird, ist am Ende des Einleitungskapitels fest verankert. Dabei sind es durchaus die äußeren Ereignisse, die die Gegensätzlichkeit herbeiführen. „Nicht in den Charakteren liegt der Keim der Konflikte, sondern im 'Charakter' der Welt“ (Müller-Seidel, S. 265). Die Ereignisse entwickeln sich widersprüchlich zueinander, und die Personen, hier vor allem die Marquise, müssen, mit der Widersprüchlichkeit konfrontiert, Stellung beziehen und aus innerer Kraft mit der Situation, in die sie gestellt sind, fertigwerden.

Im Grunde ist diese „Struktur des Widerspruchs“ (Müller-Seidel), die für die ganze Erzählung bestimmend ist, aber auch schon in den ersten beiden Sätzen angelegt. Wie wird eine Frau ohne ihr Wissen schwanger? Eine mögliche Antwort gibt Michel de Montaigne in seiner Anekdote ‚Über die Trunksucht‘[40]. Gegen diese Möglichkeit spricht im Falle der Marquise aber deren „vortrefflicher Ruf“. Und diese Dame sucht nun durch ein Zeitungsinserat den ihr unbekannten Vater ihres Kindes, und zwar tut sie es „aus Familienrücksichten“. Der offenkundige Widerspruch einerseits zwischen der geheimnisvollen Schwangerschaft und dem praktischen Realitätssinn, den sie dabei bekundet,

(40) Die Anekdote ist abgedruckt im Materialienteil der Editionenausgabe, S. 51; es ist unsicher, ob Kleist die Anekdote gekannt hat.

und andererseits der gesellschaftlichen und moralischen Unantastbarkeit, die von ihr bezeugt wird, fordert „den Spott der Welt" heraus – und trotzdem geht sie mit unanfechtbarer Sicherheit dabei zu Werk.
Ein doppelter Spannungsbogen zieht sich buchstäblich von dem ersten Satz bis zu dem letzten. Einmal geht es äußerlich um die Frage nach dem dramatischen Ablauf: Wie werden sich die Verwicklungen, in die die Marquise, ihre Angehörigen und der Graf verstrickt sind, noch bevor die Erzählung eigentlich beginnt, in deren weiterem Fortgang entwirren? Zum anderen richtet sich der Blick in das Innere der Marquise: Wie wird sie angesichts der Widersprüchlichkeit, in die sie geworfen ist, reagieren? Werden sich in ihr die seelischen Kräfte entbinden, die sie aus unklar verwirrtem Bewußtsein zur klaren Kenntnis ihrer selbst führen und zur Selbstbehauptung befähigen werden, oder wird sie an der gebrechlichen Einrichtung der Welt, als deren Teil sie sich empfinden muß, zugrunde gehen?
In sich widersprüchlich ist das Verhalten der Marquise aber schon bei der entscheidenden ersten Begegnung mit dem Grafen (4/16–38):
Zuerst Opfer, dann Zeugin roher Gewalt, erlebt sie Auftritte von wahrscheinlich bisher unbekannter Brutalität. Ein Trupp Soldaten, an deren Absichten kein Zweifel bleibt, führt sie „unter abscheulichen Gebärden" gewaltsam mit sich fort, zerrt sie „bald hier-, bald dorthin", schleppt sie in den hinteren Schloßhof und mißhandelt sie dabei aufs schändlichste – die Sprache steht an Drastik dem Geschehen in nichts nach –; und bei all dem findet sie die Geistesgegenwart, unausgesetzt laut um Hilfe zu rufen. Zuletzt droht sie zu Boden zu sinken, aber hellwach erkennt sie in dem Grafen F. ihren Retter, und klaren Bewußtseins schaut sie dabei zu, wie ihre Peiniger mit Säbelhieben verjagt werden und einem dabei das Gesicht blutig geschlagen wird. Dann reicht sie ihrem Beschützer den Arm und läßt sich in den anderen Flügel des Palastes führen, sprachlos zwar, aber wachen Sinnes, eine tapfere Frau, deren beherztes Verhalten ganz ihrer eingangs geschilderten Sicherheit entspricht. Und jetzt, wo alles vorüber und sie außer Gefahr ist, geschieht es, daß sie völlig bewußtlos niedersinkt. Das will in der Tat nicht recht zu dem bis jetzt gezeigten Verhalten passen. Der Ohnmachtsanfall an dieser Stelle ist nur dann verständlich, wenn etwas vorgefallen ist, was ihre innere Sicherheit bedroht; wenn z. B. ein Gefühl von solcher Art, daß sie es sich nicht eingestehen darf, sie mit solcher Macht überfällt, daß sie es nicht einfach aus ihrem Bewußtsein wegschieben kann. In so einem Fall können die Gegenkräfte des übermächtigen Wollens und des kategorischen Nicht-Dürfens so stark werden, daß der natürliche Verdrängungsmechanismus versagt und als einziger Ausweg die Bewußtlosigkeit bleibt. Ohnmacht aber ist stets bei Kleist Ausdruck eines unbewußten Gefühls. Es könnte also sein, daß die weibliche Empfindung für den Grafen mit elementarer Kraft über sie kommt, daß sie dieser Empfindung aber aus Gründen, die noch zu untersuchen sein werden – immerhin ist der Graf ja auch der angreifende Feind im Krieg –, auf keinen Fall nachgeben, ja, daß sie sich ihrer gar nicht klar bewußt werden darf. Ihr Wollen unterdrücken, geht nicht, weil es zu stark ist; es zugeben, geht auch nicht, weil es ihr strikt verboten ist. Also entzieht sie sich dem Konflikt, der in ihrem Inneren tobt, durch die Bewußtlosigkeit.
Die Stelle, wo die Marquise zum ersten Mal des Grafen ansichtig wird, trägt die Struktur des Widerspruchs in sich. Wer den Widerspruch erkennt, dem gibt sie durch ihn hindurch den Blick frei auf unausgesprochene innerseelische Vorgänge.

2.2.3 Motive

Unwissenheit oder geheime Mitschuld der Marquise? Das ist natürlich die Frage, die für alles Weitere von ausschlaggebender Wichtigkeit ist. Von ihrer Beantwortung hängt auch ab, wie der Satz zu verstehen ist: „Der Marquise schien er ein Engel des Himmels zu sein" –, ob das Bild vom „Engel des Himmels" einfach ihre Erleichterung über die nicht mehr erhoffte Rettung ausdrückt oder ob in ihm ein erotischer Unterton mitschwingt. Die Frage mag zunächst offen bleiben. Aber das Motiv vom „Engel des Himmels" und das Gegenmotiv vom „Teufel" (43/23) sowie die Zusammenführung der beiden Pole im letzten Satz der Erzählung sollen schon einmal festgehalten werden.
Ob man so ausdrücklich jetzt schon auch andere Motive zusammenstellen will, die im Einleitungskapitel angelegt sind und später wieder aufgenommen werden, kommt auf die Bedeutung an, die man ihnen für das weitere Vorgehen einräumt. Zu nennen sind die Zeitungsannonce (Wiederaufnahme S. 28; 31; 33), die Ohnmachten (S. 24; 32) und das Verhältnis zwischen Vater und Tochter, die auf ihrer Mutter Wunsch „zum Vater zurückgekehrt" war (S. 38–41).

2.2.4 Psychologie

Seelische Empfindungen in einem epischen Text kann der Erzähler entweder unmittelbar beim Namen nennen, oder er kann die Personen in direkter oder indirekter Rede aussprechen lassen, was in ihrem Inneren vor sich geht. Beide Möglichkeiten kommen für Kleist nicht in Frage, weil sie dem Chronikstil entgegenstehen. Er wählt andere Verfahren. Daß sich gelegentlich in dem widersprüchlichen Verhalten einer Figur seelische Vorgänge spiegeln, wurde bereits an dem Beispiel der Marquise gezeigt.
Ein weiterer Blick in das Innere der Personen eröffnet sich über deren *Gebärden und unbewußte Reaktionen*. Hier lohnt es sich, den Text genau abzufragen. Nach ihrer Rettung durch den Grafen wünscht die Marquise dringend, ihn zu sehen, um ihm „ihre Dankbarkeit zu bezeugen". Sie bittet den Vater, ihn „inständigst" um sein Kommen zu ersuchen, und sie ist dabei „gerührt". Nach der Botschaft vom Tode des Grafen ist sie „untröstlich", macht sich die „lebhaftesten Vorwürfe" und kann ihn mehrere Monate lang nicht vergessen.
Spricht aus all diesen gesteigerten affektiven Bekundungen wirklich nur das Gefühl der Dankbarkeit, oder scheint eine weitergehende Teilnahme durch sie hindurch? Zudem ist sie über den Namen und die Person des Grafen genau informiert, und der Autor stellt es durchaus dahin, wann sie diese Erkundigungen eingeholt hat, wie er es auch offen läßt, wann der Graf erfahren haben mag, daß die Marquise von O... mit ihrem Vornahmen Julietta heißt.
Ebenso spiegeln sich Ratlosigkeit und schlechtes Gewissen in den Reaktionen des Grafen, als sein Vorgesetzter ihn wegen seines Edelmutes belobigt und ihn auffordert, die Namen der Schandkerle zu nennen: Er errötet über das ganze Gesicht, seine Rede verwirrt sich, er schaut verlegen und zuckt mit den Achseln.

Die eröffnende Betrachtung sollte nicht nur die Funktion des einleitenden Textes als Exposition der Erzählung bewußt machen und für den weiteren Verlauf die Interpretationsschwerpunkte vorbereiten, sondern auch die angemessenen Methoden und Techniken der Arbeit am Text einüben. So sollen die Schüler von Anfang an erkennen,

welches Gewicht Kleist auf die unbewußten Äußerungen der Körpersprache legt und wieviel die Mimik und Gestik der Personen über deren Innenleben aussagt. Wer darauf bei der Lektüre achten lernt, gewinnt ein zusätzliches Interpretationskriterium, das für das Verständnis Kleistscher Prosa entscheidend sein kann.
Ob man in diesem Zusammenhang auch die *Metaphorik* des Einleitungskapitels und ihre tiefenpsychologische Ausdeutung mit hereinnimmt, steht in enger Verbindung mit der Frage, wie weit man sich bei der Interpretation auf den psychoanalytischen Ansatz einlassen will. Es ist unübersehbar, daß Kleist sich bei der Darstellung des Angriffs auf die Zitadelle einer Sprache bedient, die metaphorisch auch für den Überfall auf die vom Vater behütete Tochter oder für die Eroberung einer Frau durch einen stürmischen Liebhaber stehen kann: Er „*eroberte* die Festung mit Sturm"; es „*fing* der linke Flügel des Kommandantenhauses *Feuer*"; er „*bemannte* die festen Punkte des Forts". Auf den erotischen Hintersinn dieser und anderer Sprachbilder macht Kleist ausdrücklich aufmerksam, denn nach der unvermittelt vorgebrachten Werbung des Grafen sind sich die Mitglieder der Familie darin einig, „daß er Damenherzen durch Anlauf, wie Festungen, zu erobern gewohnt scheine" (14/19–20). Wie viel Gewicht man derartigen metaphorischen Anspielungen beimessen und wo man die Grenze setzen soll, das kann durchaus im Unterricht zur Diskussion gestellt werden.
Als Ausgangspunkt bietet sich dafür der Textauszug „Rivalität Vater–Graf" von *Heinz Politzer* an (Mat. 74–76). Lapidar heißt es dort: „Die Marquise ist krank: Sie leidet an einer Hypertrophie ihres Über-Ich". Im Kampf um den Besitz der ihm also gefügigen Tochter erleidet der eifersüchtige Vater eine Niederlage nach der anderen bis hin zur völligen Unterwerfung unter den siegreichen Rivalen. Vor diesem Hintergrund gewinnen Wendungen wie „mit sinkenden Kräften" und „[er] reichte ihm seinen Degen dar" für Politzer, der die tiefenpsychologische Bedeutsamkeit derartiger Metaphern zu bedenken gibt, eine ins Sexuelle hinüberspielende ironische Färbung.
Noch viel weiter auf diesem Weg wagt sich *Lilian Hoverland*[41] vor, wenn sie vom „Sieg des virilen jüngeren Mannes über den älteren" spricht und in den bereits von Politzer zitierten Metaphern, denen sie noch weitere hinzufügt – „den Schlauch in der Hand"; „[er] regierte den Wasserstrahl" –, „kaum verhüllte Bilder geschlechtlicher Stärke bei dem Jüngeren beziehungsweise Schwäche bei dem Älteren" erblickt.
Es ist, wie gesagt, eine Frage der persönlichen Einstellung, wie weit man den Weg der Interpretation aus tiefenpsychologisch-libidinösen Bildern mitgehen möchte. Solange dieser Ansatz zu einem Mehr an Erkenntnis für die Deutung des Ganzen führt, ist nichts dagegen einzuwenden. Aber fatalerweise führt dieser Weg immer an einen Punkt, wo sich außer der Sinnfrage auch die Geschmacksfrage stellt. Nicht nur, daß die einseitige Erklärung der Erzählung von der sexuellen Rivalität her zu kurz greift, irgendwo wirkt die Anwendung der popularisierten Psychoanalyse auf die Literatur auch naiv und parodiert sich zuletzt selbst.

---

(41) (Anmerkung 26), S. 143/144.

2.3 Die Form der Erzählung

2.3.1 Novelle

Obwohl Kleist selbst nicht von „Novellen“ gesprochen hat, müssen seine Erzählungen doch dieser Gattung zugerechnet werden. Während jedoch die durch das Vorbild Boccaccios geprägte klassische Novelle die Vorgänge auf die denkbar kürzeste Form bringt und recht eigentlich in der Konzentration auf die Geschehensmitte und in der Verdichtung im Symbol besteht – Sinnbild in Boccaccios Falkennovelle ist der Jagdfalke und seine Opferung das Zentrum, auf das das innere Geschehen hindrängt –, strebt die moderne Novelle mit der Erneuerung der alten Gattung in der Romantik nach einer Ausweitung ins Epische und nach der Verlagerung des Schwerpunkts vom exemplarischen Augenblick auf das in gleicher Weise relevante Ganze.
Bei der Erarbeitung der Novelle im Unterricht hat sich eine Verbindung aus deduktiver und induktiver Methode bewährt. Wir gehen aus von den tradierten gattungsspezifischen Merkmalen – sollten diese von früher behandelten Novellen her abgerufen werden können, umso besser –, und in der Anwendung auf den vorliegenden Text entwickelt sich wechselweise das Verständnis für den Gattungsbegriff und die Form der Erzählung als einer in der romantischen Tradition wurzelnden Novelle von Kleistscher Eigenart.[42]
– Die Novelle ist eine zwischen der Anekdote und dem Roman stehende epische Gattungsform. Der Begriff 'Novelle' faßt vor allem ein inneres Kriterium. Nicht eine sich über Jahre oder Jahrzehnte erstreckende Entwicklung will der Verfasser der Novelle nachzeichnen und dabei die sozialen oder kulturellen Einflüsse ausmalen, wie es der Romanautor tut. Vielmehr gestaltet er eine im Leben des Helden bedeutsame Episode, die sich in einem überschaubaren zeitlichen Rahmen vollzieht und seine weitere Entwicklung bestimmt; die notwendige Vorgeschichte und der Ausblick in die Zukunft bleiben auf die knappste Form reduziert.
Genau nach diesem Muster ist Kleists Erzählung aufgebaut. Den drei Jahren, die zwischen dem Tod des Marquis von O... und dem Kriegseinbruch liegen, sind zehn Zeilen auf der ersten Seite gewidmet; das Probejahr nach der Geburt des Kindes bis zur zweiten Hochzeit nimmt 17 Zeilen auf der vorletzten und letzten Seite in Anspruch; dazwischen erstreckt sich die eigentliche Erzählung der hastigen Ereignisse während des Überfalls und der langen Konfliktbewältigung über genau neun Monate. Die letzten Zeilen der Novelle verbinden den Blick in die Zukunft mit der Rückschau auf den Anfang.
– Die Novelle ist *„eine sich ereignete, unerhörte Begebenheit“*. Diese umstrittene Formulierung Goethes (Gespräche mit Eckermann, 29. Januar 1827) zielt auf den Realismus der Novelle im Gegensatz zum Märchen. Dem Umstand, daß die erzählten Ereignisse

(42) Je exakter man den Begriff der Novelle zu fassen versucht, desto mehr der unter diesem Namen überlieferten Erzählungen entziehen sich der Schematisierung. Angesichts dieser Schwierigkeit rückt man heute von einer detaillierten Festlegung gelegentlich ganz ab und beschränkt sich absichtlich auf so vage Definitionen wie: Novelle = „Erzählung mittlerer Länge“ (dazu Benno von Wiese: Die deutsche Novelle von Goethe bis Kafka, Düsseldorf 1962, Band 1, S. 13). – Für die Behandlung im Unterricht empfiehlt sich dieser Verzicht auf feste Formkriterien – trotz aller Bedenken gegen sie – nicht. Wir halten uns getrost an die herkömmliche Novellentheorie, ohne indes die Festlegungen, die sie bereithält, zu überfordern.

nicht unbedingt historisch oder authentisch sein müssen, daß sie aber bei aller berichtenswerten Unerhörtheit möglich oder wahrscheinlich zu sein haben, trägt Kleist durch die Fiktion Rechnung, er beschreibe in Form einer Chronik eine wahre Begebenheit. Nimmt man überdies den unbestimmten Artikel wörtlich im Sinne der Konzentration auf nur ein Ereignis, dann trifft die Definition Goethes durchaus wesentliche Formelemente der ‚Marquise von O...'.

– Die Novelle hat einen *Wendepunkt*. Diese Forderung, die seit Ludwig Tieck an die Komposition einer Novelle gestellt wird, sollte nicht allzu eng ausgelegt werden. Für Korff[43] ist es das Zusammendrängen des Geschehens „in einem großen symbolischen Augenblick", was die novellistische Kunst ausmacht und worin sie in die Nähe des Dramas rückt. Von Wiese[44] sieht mit der Tieckschen Wendepunkttheorie ein Stilprinzip bezeichnet, wonach „von einer bestimmten Konstellation aus auf einen bestimmten Charakter" ein besonderes Licht fällt „und ihn in einer völlig neuen Weise erscheinen läßt". Beide Aussagen bewahrheiten sich in der ‚Marquise von O...'. Mit ihrem klaren und straffen Aufbau um eine deutliche Mitte herum – die Abreise der Marquise nach dem Zerwürfnis mit den Ihren (S. 26) – erfüllt die Novelle eher dramatische als epische Baugesetze. Dazu erscheint an dieser zentralen Stelle der Handlung, die überdies tatsächlich die Mitte des Buches ist, nicht nur dem Leser der Charakter der Marquise in einem völlig neuen Licht, sondern auch diese wird plötzlich „mit sich selbst bekannt gemacht", was nichts anderes heißt, als daß die in ihrer Identität Verunsicherte in diesem entscheidenden Augenblick zum ersten Mal ihr eigentliches Wesen erkennt und es annimmt. So läßt sich an der Struktur des Wendepunkts der innere Vorgang der Identitätskrise festmachen.

– Die Novelle hat einen „*Falken*". Nach der Theorie von Paul Heyse verdichtet sich das Anliegen der Novelle an ihren bedeutsamen Stellen zum Dingsymbol, wodurch dieses nicht nur Kompositionsmerkmal, sondern auch Aussagesinnbild ist. Wenn man sich auch hier, wie beim Wendepunkt, vor allzu definitiven Festlegungen hütet, dann mag man an dem Zeitungsinserat, das an wichtigen Stellen der Erzählung immer wieder den Fortgang der Handlung beeinflußt, die Geschlossenheit und die Zuspitzung der dargestellten unerhörten Begebenheit erkennen.

Dafür ein Beispiel:

Im Gegensatz etwa zu Fricke und Korff ist für Müller-Seidel[45] das Zusichselbstfinden der Marquise in der Mitte der Erzählung noch nicht der eigentliche Zielpunkt der Novelle, vielmehr erblickt er in dem Verweilen im Überdenken der Tat eine „Stauung", „von der aus das Geschehen um so heftiger dem nächsten Gipfelpunkt zustürzt". Und gewissermaßen an der Schaltstelle, wo die Stauung in neue Bewegung einmündet, ist es die Zeitungsanzeige, die die Handlung weitertreibt (S. 28):

„Doch da das Gefühl ihrer Selbständigkeit immer lebhafter in ihr ward, [...] so griff sie eines Morgens [...] ein Herz, und ließ jene sonderbare Aufforderung in die Intelligenzblätter von M. rücken, die man am Eingang dieser Erzählung gelesen hat".

---

(43) H. A. Korff (Anmerkung 1), S. 90.
(44) Benno von Wiese (Anmerkung 42), S. 27.
(45) (Anmerkung 32), S. 253. 261/262.

Es wird zu zeigen sein, daß das Inserat auch an weiteren Stellen diese Funktion übernimmt.
Eine andere Auffassung vertritt Ingeborg Scholz[46]. Für sie ist die Erzählung des Grafen vom Schwan Thinka (S. 16) das Zentralmotiv der Novelle, in welchem „die Fäden der inneren und äußeren Handlung in einem entscheidenden Punkt zusammen(laufen)", insofern die Schwan-Metapher die Reinheit und Unschuld der Marquise, die erotische Reizbarkeit des Grafen und seine Schuld versinnbildlicht und das Schicksal der Marquise in der Berührung mit der Gebrechlichkeit der Welt vorwegnimmt.
Dingsymbol und zentrale Metapher – beide Mittel zielen auf die Konzentration der Darstellung und brauchen einander nicht auszuschließen.

2.3.2 Der Aufbau der Erzählung

Die Behandlung der Zeit

Die Erzählung setzt ein mit der Zeitungsanzeige, durch die die Marquise den ihr unbekannten Vater ihres Kindes sucht. Die unmittelbare zeitliche Fortsetzung lesen wir erst in der Mitte der Erzählung, wo, in ausdrücklicher Beziehung auf den Anfang, nacheinander berichtet wird, wie die Marquise den Mut zu diesem sonderbaren Schritt gefaßt hat (S. 28), wie der Graf nach seiner Rückkehr und den ersten vergeblichen Gesprächen im Elternhaus und auf dem Landsitz der Marquise von der Anzeige erfährt und auf einmal weiß, was er zu tun hat (S. 31), und wie die Eltern befremdet und betroffen den Aufruf ihrer Tochter in der Zeitung lesen (S. 32).
In der ersten Hälfte vor diesen drei zeitlich parallelen Berichten konzentriert sich die Erzählung in Form der Retrospektive wesentlich auf drei einzelne Tage innerhalb eines im übrigen ausgeblendeten Zeitraums von vielen Wochen: die Nacht und den Tag des Sturmangriffs (S. 3–7); den Tag, an welchem der Graf unvermutet auftaucht, seinen Heiratsantrag vorbringt und nach dem Abendessen wieder abreist (S. 9–14); den Tag, an welchem die Marquise die Hebamme und den Arzt konsultiert und nach dem Zerwürfnis mit den Eltern und dem Bruder auf ihr Landgut hinausfährt (S. 20–26).
Die Ereignisse nach der Mitte der Erzählung werden, zuerst ausführlicher: die Versöhnung der Eltern mit ihrer Tochter (S. 35–41), dann zunehmend gedrängt bis zum zweiten, endgültigen Jawort in natürlicher zeitlicher Reihenfolge berichtet. Dabei sind wieder zwei einzelne Tage besonders herausgehoben: der erste Tag im Hause des Vaters, an welchem sich die Aussöhnung zwischen Vater und Tochter vollzieht (S. 38–41), und der gefürchtete Dritte (der dritte Tag) (S. 42–44).

---

(46) Ingeborg Scholz: Heinrich von Kleist, Interpretationen, 1979; Textauszug im Materialienteil der Editionenausgabe, S. 68–72.

RÜCKBLENDE	S. 3–8	Die Ereignisse während der Belagerung Die Nacht der Eroberung
	S. 8–19	Der Heiratsantrag
	S. 19–26	Das Zerwürfnis mit den Eltern
PARALLELE ZEIT	S. 26–28	Die Marquise in V...
	S. 28–31	Die Rückkehr des Grafen Gartenszene
	S. 32–34	Die Auseinandersetzung der Eltern
NATÜRLICHE ZEIT	S. 34–46	Die Ereignisse nach der Anzeige: – Versöhnung Vater–Tochter – Der gefürchtete Dritte: die Erkenntnis – Die Sühne – Die zweite Hochzeit

Die Komposition

Chronologischer Ablauf zuerst in der Rückblende, dann im natürlichen Fortgang der Ereignisse; dazwischen, in der Mitte der Novelle, zeitlich parallel angeordnet drei Handlungen, alle drei initiiert durch das Zeitungsinserat – die Erzählzeit unterstreicht den Aufbau der Novelle, die um die Zeitungsanzeige herumkomponiert ist. Die Mitte markiert zugleich den ersten Höhepunkt, die endliche Bereitschaft der Marquise, ihre Mutterschaft anzunehmen, so geheimnisvoll sie ihr auch sein mag, und, mit sich im Frieden, der Welt zum Trotz, für ihr Kind zu leben. Nach der Abreise des Grafen und dem Zerwürfnis der Marquise mit ihrer Familie gehen alle drei getrennte Wege, die, wie sie überzeugt sind, nie wieder zusammentreffen werden. Die Marquise zieht sich auf ihren Landsitz zurück und nimmt es als ihr Schicksal, „in ewig klösterlicher Eingezogenheit zu leben" (S. 27); der Graf fühlt nach seiner Rückkehr und der mißglückten letzten Annäherung im Garten des Landhauses, „daß der Versuch, sich an ihrem Busen zu erklären, für immer fehlgeschlagen sei" (S. 31); der Vater nimmt ihr Portrait von der Wand und beschließt ein für allemal: Ich habe keine Tochter mehr (S. 32). – Aber an dem Zeitpunkt der entschiedensten Abkehr voneinander bringt das Inserat für die drei betroffenen Seiten fast augenblicklich die Wendung: Die Marquise „griff [...] eines Morgens [...] ein Herz" (S. 28); der Graf, „völlig ausgesöhnt mit seinem Schicksal", weiß plötzlich, was er zu tun hat (S. 31), und die Mutter beschließt, ihren Plan gegen den Willen ihres Mannes auszuführen (S. 34). Nachdem sich alle drei mit ihrer Isolation bereits abgefunden haben und die Handlung zum Stillstand gekommen ist, gerät die Stagnation zu neuer Bewegung. Die Zeitungsanzeige öffnet den Weg zu einem guten Ende. Bis dahin muß die Marquise allerdings noch mit den Widerständen fertigwerden, die sich in ihrer Brust dem Ziel entgegenstellen. Das geschieht im Zuge ihrer inneren Entwicklung, die mit der endgültigen Aussöhnung ihren Höhepunkt, den zweiten Höhepunkt der Novelle, findet.

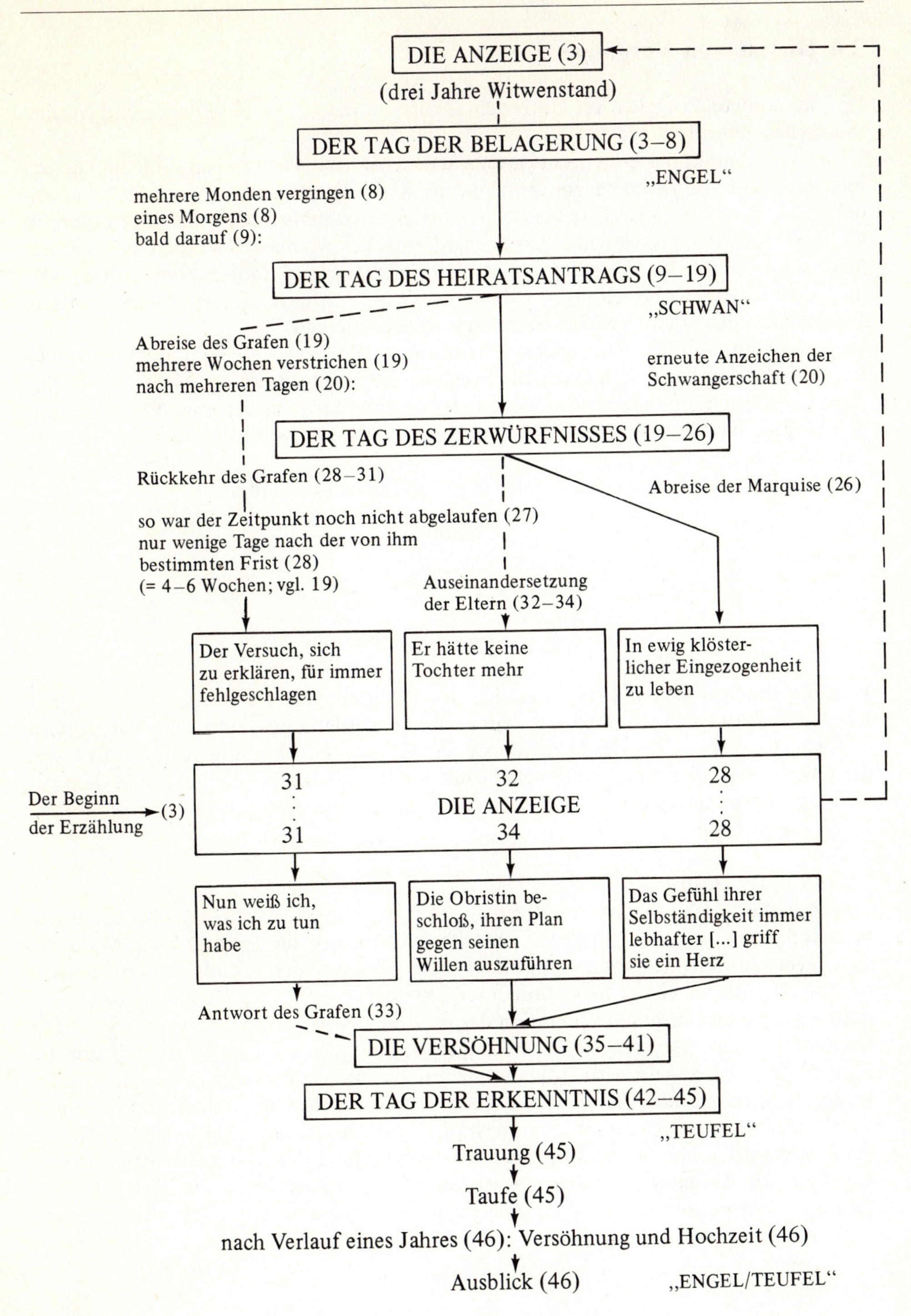
DIE ANZEIGE (3)
(drei Jahre Witwenstand)
DER TAG DER BELAGERUNG (3–8)
„ENGEL“
mehrere Monden vergingen (8)
eines Morgens (8)
bald darauf (9):
DER TAG DES HEIRATSANTRAGS (9–19)
„SCHWAN“
Abreise des Grafen (19)
mehrere Wochen verstrichen (19)
nach mehreren Tagen (20):
erneute Anzeichen der Schwangerschaft (20)
DER TAG DES ZERWÜRFNISSES (19–26)
Rückkehr des Grafen (28–31)
Abreise der Marquise (26)
so war der Zeitpunkt noch nicht abgelaufen (27)
nur wenige Tage nach der von ihm bestimmten Frist (28)
(= 4–6 Wochen; vgl. 19)
Auseinandersetzung der Eltern (32–34)
Der Versuch, sich zu erklären, für immer fehlgeschlagen
Er hätte keine Tochter mehr
In ewig klösterlicher Eingezogenheit zu leben
Der Beginn der Erzählung
(3)
31 : 31
32 DIE ANZEIGE 34
28 : 28
Nun weiß ich, was ich zu tun habe
Die Obristin beschloß, ihren Plan gegen seinen Willen auszuführen
Das Gefühl ihrer Selbständigkeit immer lebhafter [...] griff sie ein Herz
Antwort des Grafen (33)
DIE VERSÖHNUNG (35–41)
DER TAG DER ERKENNTNIS (42–45)
„TEUFEL“
Trauung (45)
Taufe (45)
nach Verlauf eines Jahres (46): Versöhnung und Hochzeit (46)
Ausblick (46)
„ENGEL/TEUFEL“

2.4 Die inneren Vorgänge

Für das weitere Vorgehen im Unterricht stellt sich die Frage nach dem richtigen methodischen Zugriff.
Da im Mittelpunkt des Unterrichts grundsätzlich die Textarbeit stehen sollte und es sich im speziellen Fall fast immer um gemeinsame Auftritte wenigstens zweier Partner handelt, da andererseits aus Gründen der Unterrichtsökonomie textliche Wiederholungen und gedankliche Überschneidungen nach Möglichkeit vermieden werden sollen, empfiehlt es sich nicht, das Verhalten der einzelnen Personen (Marquise; Eltern; Graf) oder ihre wechselseitigen Beziehungen (Marquise-Graf; Marquise-Eltern; Vater-Graf) in aufeinander folgenden Unterrichtsschritten zu analysieren.
Vielmehr sollte sich der Unterrichtsverlauf an der Form der Novelle orientieren. Die Einsicht, daß der Autor den Gang der Ereignisse einerseits im wesentlichen auf einzelne Tage konzentriert, andererseits, in der Mitte der Erzählung, gleichzeitige Vorgänge zeitlich parallel berichtet, legt es nahe, den Unterricht dem Textaufbau entsprechend zu strukturieren.
Die Hauptpersonen stehen zueinander in einem Dreiecksverhältnis:

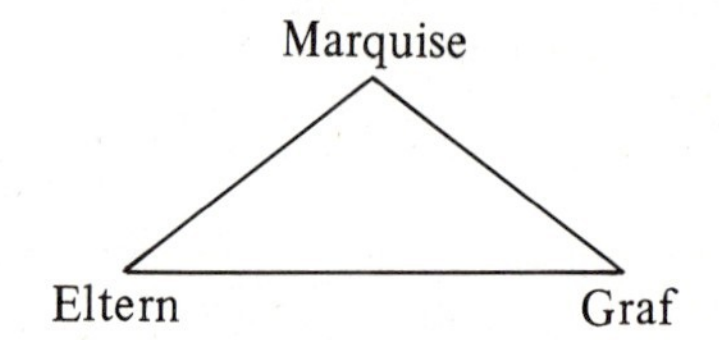

Ihre Beziehungen sollen zuerst anläßlich der Belagerung, des Heiratsantrags und des familiären Zerwürfnisses, dann vor dem Hintergrund der Aussöhnung zwischen Eltern und Tochter und am Tag der Erkenntnis überprüft werden. Die Mitte der Novelle bietet die Gelegenheit, ihre Charaktere nebeneinander zu entwickeln. Entsprechend dem gewählten Interpretationsansatz liegt dabei aber das Hauptaugenmerk auf der Ichproblematik der Marquise.

– Der Tag der Belagerung (3–8)
Eine Annäherung an die inneren Vorgänge in dieser Szene wurde bereits bei der Interpretation des Novellenanfangs erreicht. Offengeblieben ist die Frage, ob die Marquise in völliger Unwissenheit vergewaltigt oder mehr oder weniger bewußt verführt worden ist, also die Frage nach der Bewertung ihrer Ohnmacht (vgl. 2.2.3). Da diese Überlegung richtungsweisend für die Interpretation der gesamten Novelle, eine Antwort aber, wenn überhaupt, dann erst vom weiteren Verlauf her möglich ist und ihr auch dann die Eindeutigkeit ermangeln wird, sollen zunächst die beiden Positionen, Unschuld oder verdeckte Mittäterschaft, durchgespielt werden. Später werden die Indizien ein geheimes, aber verdrängtes Mitwissen als zumindest nicht unwahrscheinlich erkennen lassen.
Am eindeutigsten betont *Ingeborg Scholz*[47] die Unschuld der Marquise; sie stützt sich dabei auf die Auslegung des Schwan-Motivs. Die Marquise ist für sie über jede Verführung erhaben, der Gedanke an eine sexuelle Lustbereitschaft erscheint ihr als ein

(47) (Anmerkung 46), S. 71/72.

Irrweg, auf den nur „eine um jeden Preis psychologisierende Deutung“ den Interpreten zu führen vermag. – Im Gegensatz dazu sieht *Lilian Hoverland*[48] in der so hartnäckig zur Schau getragenen Sicherheit der Marquise die „Überdeckung eines inneren Konflikts zwischen unbewußtem Eingeständnis des Vorgefallenen und der Verdrängung dieses Wissens“. Die Ohnmacht ist für sie die willkommene Gelegenheit, „ohne offene Beteiligung das Gewünschte geschehen (zu) lassen“ und es danach nicht zur Kenntnis nehmen zu müssen. Das eigentliche Anliegen der Novelle ist aus dieser Sicht der Dinge nicht das Geheimnis um die Identität des Vaters, sondern die psychologische Verfassung der Marquise.
Im Jahre 1808 veröffentlichte Kleist in der Zeitschrift ‚Phöbus‘ unter dem Titel ‚Die Marquise von O...‘ das Epigramm[49]:

„Dieser Roman ist nicht für dich, meine Tochter.
In Ohnmacht! Schamlose Posse! Sie hielt, weiß ich, die Augen bloß zu“.

Dieses Zeugnis sollte zu denken geben. Der moderne psychologische Interpretationsansatz ist offensichtlich doch nicht zu modernistisch und so wesensfremd für die Zeit und die Person Kleists, wie man zunächst glauben könnte.

– Der Tag des Heiratsantrags (9–19)
Mehrere Monate nach der Eroberung des Forts durch die Russen und nachdem inzwischen alles in die alte Ordnung der Dinge zurückgekehrt ist, erscheint der Totgeglaubte im Hause des Kommandanten. „Der Graf F...! sagte der Vater und die Tochter zugleich“ – beide wissen, daß sie die Hauptbetroffenen von diesem Besuch sind und daß es vor allem für sie mit der alten Ordnung der Dinge nunmehr vorbei ist. Der Hausherr öffnet selbst die Tür, der Graf tritt ein, „schön, wie ein junger Gott“, – von dem der Vater alles Schlimme zu fürchten, die Tochter alles Freudige zu erwarten hat. Aber zunächst sind alle verwirrt, so wie sie wenig später auf lange in ihrer Sicherheit erschüttert sein werden. Der Graf ist „ein wenig bleich im Gesicht“: Er ist sich des Unkonventionellen dessen, was er jetzt gleich der Familie zumuten wird, wohl bewußt. Aber ihm bleibt keine andere Wahl, da ja auch die Tat, die er im Begriff ist wiedergutzumachen, gegen alle Gesetze war. Seine Frage nach dem Befinden der Marquise ist genauso direkt gemeint wie damals nach dem Sturmangriff (6/14), und sie, auf ihre seltsame Mattigkeit angesprochen, besinnt sich sogleich auf jene Sensation der Schwangerschaft, die sie vor einigen Wochen gegenüber ihrer Mutter zugestanden hat. Damals galt ihr Morpheus als der Vater (9/1), womit die Empfängnis in die unbewußte Welt der Träume versetzt und ihre Bereitschaft dazu ein für allemal dem erkennenden Zugriff entzogen war.
Und jetzt die alles verändernde Frage, ob sie ihn heiraten wolle. Während die Familie auf diese überhastete Direktheit verlegen schweigt, blickt die Marquise, „über und über rot“, zu ihrer Mutter. Das ist nicht die aus innerer Sicherheit herrührende Reaktion auf eine Mißachtung gesellschaftlicher Regeln, sondern Zeichen tiefer Verunsicherung eines Menschen, der fürchten muß, auch den anderen sei nicht verborgen geblieben, was sich für einen Augenblick seiner eigenen Kontrolle entzogen hat.

---

(48) (Anmerkung 26), S. 141.
(49) Zitiert nach: Kleists Werke in zwei Bänden. Bibliothek deutscher Klassiker. Aufbau-Verlag, Berlin und Weimar, Band 1 (1965), S. 4.

Der Kommandant meistert die peinliche Situation, indem er einerseits als Hausherr seinen Gast ernst nimmt, ohne ihn das Ungebührliche seines Verhaltens allzu deutlich merken zu lassen, indem er andererseits als Familienvater das stürmische Vorgehen des Grafen in konventionelle Bahnen zu lenken versucht. Zuerst will er Zeit gewinnen. Dann sagt er, was man eben so sagt unter solchen Umständen: der Antrag werde als ehrenvoll empfunden; man brauche aber Zeit, darüber nachzudenken; man lade ihn ein, auf einige Zeit Gast des Hauses zu sein; dann sei ja wohl auch eine Rücksprache mit der Familie nötig; die geplante Geschäftsreise dürfe keinesfalls verschoben werden; vor allem aber solle er sich nicht zu unüberlegten Schritten hinreißen lassen. – Der Graf seinerseits tut alles, um seiner dringlichen Werbung Nachdruck zu verleihen. Er bietet jede Sicherheit für seinen Leumund und seine Familie, klärt über seine Vermögensumstände auf und ist bereit, in Italien seinen Wohnsitz zu nehmen. Die Angaben, die die auffallende Eile seiner Werbung erklären sollen, bleiben für die Betroffenen zwar rätselhaft, sollen aber wohl auch eher den Leser seinen Charakter erkennen lassen. „Lust und Schmerz“ bewegten ihn in Gedanken an die Frau Marquise; er empfindet „die lebhafteste Unruhe“, „über eine notwendige Forderung seiner Seele ins Reine“ zu gelangen; im übrigen könne er sich, trotz der gefühlten Unschicklichkeit, nicht näher auslassen über die Dringlichkeit, die man indes später einmal wohl verstehen werde.

Die Lust – nach dem Vorgefallenen durchaus auch die sexuelle Lust, mit der Frau seiner Wahl vereint zu sein – und der Schmerz, an eben dieser Frau ein tiefes Unrecht begangen zu haben: In dem Widerspruch der Empfindungen spiegelt sich das Widersprüchliche seines Charakters, an dem er selber leidet, wie es die tiefgefühlte Unruhe zeigt, aus der heraus er so schnell wie möglich seine Schuld sühnen möchte. Ratlos bleibt die Familie zurück, nachdem der Graf das Zimmer verlassen hat. Alle sind sich darin einig, daß das seltsame Gebaren als Kriegslist zu bewerten sei. Die Marquise aber zweifelt nicht an seiner Gefühlsstärke, indem sie hinzufügt, er werde lieber „unglücklich werden, als sich eine Blöße geben wollen“.

Das Baumuster – Auseinandersetzung mit dem Grafen / Beratung der Familienmitglieder unter sich – wird sich in dieser Szene noch zweimal wiederholen. Der Graf macht seine Ankündigung wahr; er richtet sich ein zu bleiben, während er in der Domestikenstube seinen Adjutanten abfertigt. Der Kommandant will ihn auf die Folgen einer Befehlsverweigerung hinweisen, aber zweimal fällt ihm der Graf ins Wort. Dadurch verunsichert, wahrt er immerhin die gesellschaftliche Form und führt ihn in die Gästezimmer, aber er ist „verwirrt“ und verläßt ihn „mit einem trockenen Gesicht“. – In der anschließenden Besprechung im Kreis der Familie wird deutlich, daß er sich geschlagen gibt; er bittet sich aus, in seiner Gegenwart nicht mehr von der Sache zu sprechen. Die Marquise, die sich „mit vieler Emsigkeit“ in eine Scheinarbeit geflüchtet hat und sich ebenfalls aus dem Gespräch heraushält, zeigt gerade dadurch, daß ihr die Angelegenheit sehr viel näher geht, als sie zugibt. Vom Vater abhängig, zu dem sie „schüchtern“ hinblickt, fühlt sie deutlich, wie sich ihr Verhältnis zu ihm zu wandeln beginnt: Dem Grafen unterlegen, habe er sie nicht zu schützen vermocht, wirft sie ihm hin, ehe sie sich, „ein wenig unwillig“, sinnend wieder auf sich selbst zurückzieht.

Während des Abendessens erzählt der Graf von seinem Fiebertraum, in welchem sich ihm das Bild der Marquise mit einer kindlichen Erinnerung an den Schwan auf seines Onkels Gütern vermischt habe. Das Schwanmotiv stellt ein verschlüsseltes Schuldbekenntnis des Grafen dar. Gleichzeitig überträgt es sein Gefühl für die als unantastbar und unnahbar empfundene Frau in eine – auch grammatisch – kühne Bildsprache.

Es bleibe dahingestellt, wie die Vorstellung der „feurigen Fluten“ und entsprechend die Freude des Schwans am „Rudern und In-die-Brust-sich-werfen“ zu verstehen ist. Sind es einfach Metaphern für die „Haltung unnahbaren und zugleich aufreizenden Stolzes“ der Marquise?[50] Oder spiegelt sich in dem Feuerzauber die Brandnacht wieder zum Ausdruck der Reue und der Bitte um Vergebung an die Adresse der Frau, die sich aus gekränktem Stolz und verwundetem Ichgefühl unnahbar gibt?[51] Oder weisen die „feurigen Fluten“ auf die „andere Schicht von Juliettas Seele, die sie aber seit dem Tod ihres Mannes verleugnet hat“, auf ihre zwar unterdrückte, aber keineswegs abgestorbene Weiblichkeit?[52]
Derartige Auslegungen und ihre Folgerungen für das unterschiedliche Gesamtverständnis der Novelle mögen diskutiert werden, ohne daß eine Festlegung angestrebt wird. Offenheit der Interpretation sollte ja nicht als Aporie, sondern als eine Möglichkeit im Umgang mit Literatur erkannt werden.
Der Kommandant, der am Anfang der Szene noch das Wort geführt hat und, je mehr er sich dem Grafen unterliegen sah, umso stummer geworden ist, hält sich aus der nun einsetzenden Beratung, die in eine Art Verlobung einmündet, ganz heraus. Er „stand am Fenster, sah auf die Straße hinaus und sagte nichts“; aber er hört jedes Wort der Unterhaltung, und was in seinem Inneren vorgeht, läßt sich leicht erraten. „Nun so macht! macht! macht!“ – wenn es denn sein muß, dann soll es wenigstens schnell geschehen. Natürlich weiß er, daß es nicht einfach darum geht, den Grafen aus dem Haus zu schaffen. „Ich muß mich diesem Russen schon zum zweitenmal ergeben“ – nach der militärischen Niederlage bereitet sich jetzt der Verlust der Tochter vor. Wir beginnen zu begreifen, daß in dieser Vater-Tochter-Beziehung auch die Geschlechterspannung mit all ihren Begleiterscheinungen wie Abhängigkeit, Hörigkeit, Rivalität und Eifersucht eine Rolle spielt.
Der Mutter, „die eine zweite Vermählung ihrer Tochter immer gewünscht hatte“, gelingt es, die Marquise zu einer halben Zusage zu bewegen. Wo aber liegen die Widerstände? Direkt befragt, antwortet sie: „Er gefällt und mißfällt mir“. Sollte sich die Verlegenheit, mit der sie das sagt, auf das Gefallen beziehen? Mißfällt er ihr dann etwa nur deshalb, weil er ihr eigentlich nicht gefallen darf? Sie beruft sich bei ihrer Antwort „auf das Gefühl der anderen“. Die Widerstände liegen also zunächst außerhalb: Der Graf ist der Gegner und der Rivale des Vaters. Weil diese Widerstände aber übermächtig sind, hat sie sie als die eigenen verinnerlicht. Aufgabe der Mutter ist es also nicht, die eigentlich Widerstrebende zu überzeugen, sondern sie dazu zu bringen, daß sie sich traut, was sie innerlich möchte. Und über des Grafen unritterliches Verhalten in der Brandnacht muß sie sich – noch – keine Rechenschaft ablegen, weil sie das Vorgefallene ja in der Ohnmacht ausgeblendet hat und weitergehende Folgen noch nicht evident sind.
Falls der Graf seinen Antrag wiederholte, würde sie seine Wünsche erfüllen. Unverbindlich im Konjunktiv, in der Form eines Gedankenmodells, bekennt sie sich zu ihrem Wollen. Sie tut es stockend, schrittweise ihren Widerstand überwindend. Offenbar hat sie es nie gelernt, einfach der Stimme ihres Inneren zu folgen, in steter Rücksicht auf die sie bestimmenden Kräfte. Deshalb tut sie sich so schwer, von der Mutter gedrängt,

(50) Ingeborg Scholz, Materialienanhang der Editionenausgabe, S. 70.
(51) Heinz Politzer, Materialienanhang der Editionenausgabe, S. 79.
(52) Hermann Reske, Materialienanhang der Editionenausgabe, S. 67.

ihren der Konvention, der Gesellschaft, dem Vater entgegengesetzten Wünschen nachzugeben. Mehrfache Parenthesen lassen diesen Schritt von der Fremdbestimmung zur Selbstbestimmung sprachliche Form werden, und der Glanz in ihren Augen verrät mehr als ihre Worte, wie ihr dabei zumute ist. Was sie, vieldeutig, mit der Verbindlichkeit meint, um deretwillen sie bereit ist, die Werbung des Grafen anzunehmen – ihre Dankbarkeit etwa für die Rettung oder ihre schließliche Empfänglichkeit für die Insistenz der Werbung oder das geheime Wissen um das im Unbewußten Verborgene –, das bleibt ihr Geheimnis.

– Der Tag des Zerwürfnisses (19–26)

In den vier bis sechs Wochen bis zur Rückkehr des Grafen bleibt die Familie „mit sehr verschiedenen Empfindungen“ zurück, „auf den Ausgang dieser sonderbaren Sache gespannt“. Zur Freude der Mutter, gegen den Widerstand des Vaters hat die Marquise sich also in einem emanzipatorischen Akt bereit erklärt, sich wieder zu vermählen. Mit dem Zustandekommen dieses Entschlusses hat sie von außen auferlegte Zwänge von sich abgetan und die Kräfte ihres Ichs neu entdeckt. Das ohnehin problematische Verhältnis der Tochter zum Vater wird von da aus eine Klärung finden. Die Verlobung ist so gut wie abgemacht.
Diese neugewonnene Sicherheit wird durch die nun nicht mehr zu übersehende Schwangerschaft erschüttert. Alle Beteiligten werden einer harten Belastungsprobe ausgesetzt. Die *Mutter* steht vor der Wahl, den Unschulds- und Unwissenheitsbeteuerungen ihrer Tochter oder den durch Arzt und Hebamme bestätigten natürlichen Phänomenen Glauben zu schenken. Einen dritten Weg gibt es für sie nicht. In dem Augenblick, wo die Schwangerschaft feststeht, sagt sie sich von ihrer Tochter los. Dabei möchte sie ihr bis zum Schluß gerne glauben. Den Arzt nennt sie unverschämt und nichtswürdig, und das reine Gewissen der Marquise, nachdem sie sich die Unmöglichkeit eines solchen Zustandes hat versichern lassen, gilt ihr mehr als jede ärztliche Diagnose. Als die Tochter indes auf ihrem nur allzu wohlbekannten Gefühl beharrt, wird sie „ein wenig spitz“: Es muß „doch notwendig eins oder das andere gewesen sein“; ein reines Bewußtsein und eine Hebamme, das geht nicht zusammen, und trotz der gekränkten Würde und der Schwüre der Marquise weist sie ihr zum ersten Mal die Tür.
Für die Mutter hat die Welt ihre feste Ordnung: Entweder bildet sich ihre Tochter die Schwangerschaft nur ein; auch Ärzte können sich irren. Oder sie sagt die Unwahrheit; dann sollte sie schnell ihren Fehltritt eingestehen; es gibt Mittel und Wege, mit der Situation fertigzuwerden. Aber beides zusammen, unwissend-unschuldig und schwanger, ist für sie ein Märchen, erfunden, um Gott zu lästern und die Natur Lügen zu strafen. Noch einmal glaubt sie den leidenschaftlichen Versicherungen der Marquise und hält sie für krank. Erst nach dem Spruch der Hebamme steht es für sie fest, daß es sich um Lügen und eine nichtswürdige Komödie handelt. Dabei will sie noch einlenken und den Vater des Kindes wissen. Aber als auch das nichts hilft, verflucht sie ihre Tochter. Die Obristin handelt so, weil sie ihr mütterliches Vertrauen hintergangen und ihre freigeäußerte Bereitschaft zu Versöhnung und pragmatischer Lösung, ihr Verständnis von Frau zu Frau, verhöhnt sieht.
Anders der *Vater*: Er ist als Vertreter der gesellschaftlichen Konvention kompromittiert, als über die Tugend seiner Tochter wachender Vater hintergangen und als eifersüchtiger Mann betrogen worden. Wandelt sich die Verständnisbereitschaft der Mutter in zynische

Härte, so schlägt die beleidigte Liebe des Vaters um in konsequentesten, allesvernichtenden Jähzorn.
Die *Marquise* ist von der Gewißheit ihrer Schwangerschaft „wie vom Donner gerührt". Für sie steht das Vertrauen ihrer Mutter auf dem Spiel; dem Vater kann sie nicht mehr unter die Augen treten; auch an die Verlobung, zu der sie sich so mühsam durchgerungen hat, ist nicht mehr zu denken. Überdies ist ihre gesellschaftliche Stellung gefährdet, und – was am schwersten wiegt – sie muß, „gegen sich selbst mißtrauisch", an sich irre werden. Gegen ihr absolut sicheres Wissen um die Vorgänge des verflossenen Jahres stehen die unleugbaren und täglich deutlicher hervortretenden Tatsachen.
Ihre Beteuerungen gegenüber der Mutter faßt sie in kräftige Bilder und Vergleiche:

„Eher ..., daß die Gräber befruchtet werden, und sich dem Schoße der Leichen eine Geburt entwickeln wird"! (21/26–28);
„Ich schwöre ..., daß mein Bewußtsein, gleich dem meiner Kinder ist". (22/22–24);
„Möge das Reich der Erlösung einst so offen vor mir liegen, wie meine Seele vor Ihnen". (23/18–19).

Es ist ein verzweifeltes Flehen um Vertrauen gegen allen äußeren Anschein; es ist aber auch die Beschwörung, daß das Sichtbar-Wirkliche ja doch nicht sein kann. Angesichts dieser an der eigenen Person erlebten Widersprüchlichkeit droht sie mehrfach den Verstand zu verlieren und fällt, von der Hebamme mit der Wahrheit konfrontiert, in Ohnmacht. Am schlimmsten ist für sie nicht die dramatisch inszenierte Verstoßung durch ihre Familie, die sich, in Irrtum und Ungerechtigkeit befangen, auch nicht im Namen aller Heiligen von der Unschuld ihrer Tochter überzeugen läßt, sondern der Gedanke, daß sie, sich selber unglaubwürdig, sich nicht mehr auf ihr eigenes Selbst verlassen kann, und die Erfahrung, selbst Teil der aus den Fugen geratenen Weltordnung zu sein. Ihre Erschütterung ist so stark und so echt, daß, sollte die an mehreren Stellen des Werks naheliegende Theorie von der geheimen Mitwisserschaft zutreffen, in dieser Szene die Verdrängung perfekt ist. Eher wird sie verrückt, als daß sie sich erinnert; und im Gespräch mit der Hebamme dicht an der Wahrheit, verliert sie das Bewußtsein.

– Die Mitte der Novelle (26–28)

Die in dem Pistolenschuß gipfelnde Rohheit des Vaters bringt die *Marquise* schließlich zu sich. Plötzlich weiß sie, was sie tun muß und daß es unsinnig wäre, das Unmögliche zu versuchen. Unmöglich ist es, die Familie von ihrer Unschuld zu überzeugen; sinnlos, in ihrer Situation Hilfe von anderen zu erwarten; sinnlos aber auch, die Welt in ihrer unbegreiflichen Widersprüchlichkeit ändern zu wollen. Und das, was sie tun muß, ist schwierig genug. Sie wagt es, ihrem eigenen Ich zu vertrauen und, allem Widersprechenden zum Trotz, an ihre Unschuld zu glauben. Dieses neue Selbstvertrauen gibt ihr die Kraft, sich zu der Mutterschaft, gegen die sie sich so lange gewehrt hat, zu bekennen, mag sie ihr auch rätselhaft bleiben, und für dieses und ihre beiden anderen Kinder zu leben. Vor allem aber setzt sie ihr Selbstbewußtsein „der großen, heiligen und unerklärlichen Einrichtung der Welt" entgegen, bereit, neuerlichen Anfechtungen mit Stolz zu begegnen.
Aber kaum ist sie dabei, sich ihr Leben in ländlicher Zurückgezogenheit einzurichten, als sie diesen Vorsatz auch schon wieder durchkreuzt. Es scheint in der Tat widersinnig, daß sie durch die Zeitungsanzeige und die durch sie beabsichtigte Folge die Welt, von der sie sich zurückziehen will, in einer erwartungsgemäß höchst unerfreulichen Form

wieder an sich heranläßt, daß sie, indem sie ihre Ruhe plant, diese Ruhe auch schon wieder stört.

Sie will also mit dem Menschen, der sich an ihr vergangen hat, in Verbindung treten, sie ist bereit, ihn zu heiraten, damit dem Kind nicht durch seine uneheliche Geburt in der bürgerlichen Welt ein Makel anhaftet. Der Schritt kostet sie äußerste Überwindung, aber sie tut ihn um ihres Kindes willen. Dahinter steht ein praktischer Realitätssinn. Es muß ja keine echte Lebensgemeinschaft, es kann ja eine Scheinehe sein. Sie ist selbständig genug, unabhängig von den Ihren der Welt zu trotzen, und so tut sie, was sie für zweckdienlich hält.

Zweimal hat ihr in der Zwischenzeit der Graf aus Neapel geschrieben und sie beschworen, ihrer Erklärung ihm gegenüber treu zu bleiben, „es möchten fremde Umstände eintreten, welche da wollten“. Diese Aufforderung wörtlich ernst nehmen, würde bedeuten, daß sie die Zusammenhänge durchschaut, daß sie, betrogen, dem Betrüger verzeiht und sich in Liebe zu ihm bekennt, und das alles auf einmal. Da ihr das nicht möglich ist, ignoriert sie anscheinend diese Worte. Ob sie aber so gar keine Ahnung hat, wer der Vater des Kindes ist, den sie durch die Zeitung sucht, diese Frage muß nach den beiden Briefen offen bleiben.

Der *Graf*, nach seiner Rückkehr vom Bruder der Marquise über die eingetretene Entwicklung informiert, schafft sich entschlossen Zutritt zu ihr. „Ob er vielleicht der Graf F... wäre?“, fragt ihn der Türsteher; und die „zweideutige Art“, mit der er diese Frage stellt, läßt zwei Schlüsse zu: Entweder sie hat sein Kommen erwartet und möchte ihn keinesfalls sehen; oder sie rechnet insgeheim gerade mit seinem Kommen.

Zu Beginn der Gartenszene sitzt die Marquise in einer Laube, mit Handarbeiten für ihr Kind beschäftigt. Worte und Haltung, mit denen sie den Eintretenden begrüßt, sind nicht unfreundlich: „Der Graf F...! sagte die Marquise [...], und die Röte der Überraschung überflog ihr Gesicht“. Sie ist also nicht nur überrascht, sondern wohl auch erfreut, ihn zu sehen. Das folgende geschieht in einiger Zeitdauer: Der Graf bleibt „noch eine Zeitlang“ stehen, setzt sich dann neben sie, legt seinen Arm um sie. Sie läßt es geschehen. Dies und die beiden Fragen, die sie an ihn richtet – aus Schüchternheit unvollständige Fragen -, geht leise und ohne Hast vor sich. Der Graf drückt sie an sich, und sie rührt sich nicht in seinen Armen. Für Minuten gibt sie sich in stillem Einvernehmen seiner Nähe hin, ehe sie sich, ohne Hast, von ihm losmacht und ihn dann, heftig, hinauswirft. Was diese Heftigkeit auslöst, ist die Antwort des Grafen auf ihre Frage: „Hat man Ihnen denn in M... nicht gesagt -?“. Worauf immer die Frage abzielt – auf ihre Schwangerschaft oder auf die Tatsache der Verstoßung -, die Antwort des Grafen, er sei von ihrer „Unschuld“ überzeugt, ist offensichtlich in dieser Situation die falsche. „Ich bin von Ihrer Unschuld völlig überzeugt“ – diese Worte bringen das, was die Marquise unausgesprochen weiß, in ihr Bewußtsein, und dagegen wehrt sie sich. Zwar fühlt sie sich dem Manne innerlich zugehörig, aber sie möchte weder seine Schuld noch ihre Unschuld – wenn es denn eine ist – zur Kenntnis nehmen. Daß sie sich nicht nur gegen den von außen Eindringenden, sondern gerade auch gegen die aus dem Schutz des Unterbewußtseins hervorbrechende Wahrheit zur Wehr setzt, geht aus der Emphase hervor, mit der sie „Ich will nichts wissen“ herausschleudert, und aus der „verstörten Beeiferung“, mit der sie die Tür hinter ihm verriegelt.[53]

---

(53) Lilian Hoverland (Anmerkung 26, S. 147) vergleicht die Gartenszene mit der Brandnacht und stellt fest, „daß sie in beiden Fällen nicht Zeit hat, ihre Bewußtseinslage den üblichen Konventionen

Der Graf scheint zu ahnen, was in ihrem Inneren vorgeht. Offenbar taugt in dieser besonderen Situation das erklärende Wort nicht. Allerdings hat er es schon ausgesprochen, und deshalb ist es ihm „in jedem Sinne“ schwer, umzukehren. In seiner Unschlüssigkeit bekommt er das Inserat zu lesen. „Mit ganzer Seele“ nimmt er seinen Sinn in sich auf, weiß plötzlich, was er zu tun hat, und ist „völlig ausgesöhnt mit seinem Schicksal“. Die Marquise, die sich soeben von ihm losgerissen hat und nichts wissen will, zeigt ihm einen langen und beschwerlichen Weg der Schuldbewältigung, und er ist bereit, ihn zu gehen.
Eine ganz andere Wirkung hat die Anzeige auf die *Eltern* der Marquise. Der *Vater* glaubt an ein abgekartetes Spiel, eine infame List, mit der sie sich seine Verzeihung erschwindeln möchte. Hartherzig verschließt er sich jedem Gedanken, es könnte anders sein. Der eine vermeintliche Fehltritt seiner Tochter genügt, die Erinnerung an ein ganzes tugendhaftes Leben auszulöschen. In leidenschaftlichen Worten und melodramatischen Gesten bekundet er, daß auch er nichts wissen will. In dieser zur Schau gestellten Heftigkeit und Einseitigkeit liegt bereits die Disposition für die Versöhnungsszene, die vom Gegenteil her genauso seltsam übertrieben anmutet.
Die *Mutter* dagegen ist bereit, um der sonst bewiesenen Vortrefflichkeit willen auch an etwas zu glauben, was sie nicht verstehen kann. Und in ihrer Erbitterung, daß sein Eigensinn die Möglichkeit der Aufklärung zunichte macht, zeigt sich ihr unvoreingenommenes Interesse an dem rätselhaften Fall. So beschließt sie, gegen den Willen ihres Mannes zur Tochter hinauszufahren.

– Die Versöhnung (35–41)
Die *Mutter* ersinnt eine List, um die Glaubwürdigkeit ihrer Tochter auf die Probe zu stellen. Der Verfasser der Antwort habe sich bereits gestern im Hause der Eltern eingefunden. Mit vor Erwartung gespannten Mienen und „unruhig arbeitender Brust“ fragt die Marquise, wer es sei. Ihre Unruhe steigert sich, mehrfach wiederholt sie die Frage, und auf die Antwort, es handle sich um Leopardo, den Jäger, reagiert sie „verwirrt“ und „mit dem Ausdruck der Verzweiflung“, so als sei sie nicht nur nicht auf ihn, sondern auf einen ganz anderen gefaßt gewesen. Gleichwohl scheint sie sich an eine Situation zu erinnern, in der ihr der Lakai ihres Vaters einst habe nahekommen können, und legt „ihre kleinen Hände vor ihr in Scham erglühendes Gesicht“. Sollte der Beweggrund der Scham aus der Sicht der Mutter falsch verstanden sein? Dann wäre es die Geste ohnmächtiger Verzweiflung, die besagen will: Nun ist alles aus!
Da bekennt die Mutter, daß sie aus List die Unwahrheit gesagt hat. Und so plötzlich wie der Umschwung von der Anschuldigung zur Abbitte, von der Entrüstung zur Verherrlichung ihrer Unschuld, schlägt die Stimmung der Tochter um von der Verzweiflung zu „froher Rührung“. Ist es deshalb, weil Leopardo der Gesuchte nicht ist und es also ein anderer sein kann oder weil die Mutter ihr endlich verziehen hat? Aber das tat sie ja schon vorher bei der Begrüßung.

---

anzupassen, sondern sich ihrem innersten Empfinden und Wollen hingibt.“ Mit dem verhängnisvollen Wort von der Unschuld „ist der Zauberbann der geteilten Nähe zum Triebhaften und Unterbewußten urplötzlich gebrochen, und die Marquise entzieht sich dem Mann, der gegen ihren fein gestimmten Zustand verstoßen hat.“

Die Versöhnung kennt keine Grenzen. Die Mutter bricht in beinahe religiösen Enthusiasmus aus (Herrliche, Überirdische), nimmt mit derselben sprachlichen Formel („du sollst bei mir dein Wochenlager halten“) ihre frühere Verurteilung zurück und steigert sich bis zur Widersprüchlichkeit des Ausdrucks („ich will keine andere Ehre mehr, als deine Schande“). – Auf der Fahrt nach M... am anderen Morgen fragt sich die Marquise heiter, wer wohl am Dritten erscheinen werde, und sie tut es „mit einer Regung, die halb ein Seufzer, halb ein Lächeln war“.
Und dann die Versöhnung zwischen *Vater und Tochter*. Über diese Szene ist viel einander Widersprechendes geschrieben worden.
Heinz Politzer[54] stellt eine „sublime Schamlosigkeit“ ohne Vorbild fest. Er weist der Szene eine axiale Bedeutung in der Struktur der Erzählung zu zwischen ihrem unheilschwangeren Beginn und der Lösung an ihrem Ausgang, insofern sich die Marquise an dieser Stelle in den Armen des Vaters bewußte Hingabe und Genuß als Frau gestattet, was ihr beim Grafen bis jetzt versagt blieb.
Für *Lilian Hoverland*[55] demonstriert diese Inzestszene, in der der Vater als Liebhaber auftritt, dessen Impotenz oder zumindest Kraftlosigkeit gegenüber der echten männlichen Stärke des Grafen. In der Rivalität der beiden Männer werde eine weitere Runde ausgetragen.
Mehr auf die seelische Verfassung der Marquise hebt *Klaus Birkenauer*[56] ab, für den die sinnenfrohe Versöhnung übrigens „kein Haupt-, sondern ein Nebenmotiv der eigentlichen Geschichte [ist], in der es keineswegs um die Wonnen des Inzests geht – so lustvoll und unschuldig sie hier auch geschildert werden“.
In der Versöhnung mit dem Vater zeige die Marquise eine Konsequenz und ein Zielbewußtsein, das jeden Mann in den Schatten stellt. Es ist der Ausdruck ihres neu gewonnenen Glücks und ihrer sinnlichen realen Sicherheit, an der diese außergewöhnliche, selbständige Frau den Vater teilhaben läßt, ohne im Augenblick an die äußerlichen gesellschaftlichen Folgen zu denken.
Vielleicht verhelfen Auslegungen wie die Birkenauers zu einer zwangloseren Sicht der Dinge als verstiegene tiefenpsychologische Deutungsversuche. Die Einordnung der Szene bereitet dann weniger Kopfzerbrechen, wenn man sich daran gewöhnen kann, die Gefühlsbezeigungen zwischen Vater und Tochter als weniger befremdlich denn natürlich anzusehen. Das sollte einer Zeit leichter fallen, die den körperlichen Kontakt auch zwischen Verwandten wieder unbefangener beurteilt und praktiziert. Und im Falle dieses besonderen Vater-Tochter-Verhältnisses korreliert der Gefühlsüberschwang der Versöhnung mit der außergewöhnlichen Heftigkeit des vorangegangenen Zerwürfnisses. Versöhnung und Zerwürfnis sind zwei extremen Pendelausschlägen vergleichbar, nach denen sich diese von Abhängigkeit und Eifersucht geprägte Beziehung auf eine weniger problematische Mittellage einstellt, die vielleicht sogar notwendige Voraussetzung ist für die nun einsetzende Zuspitzung der Krise und ihre schließliche Bewältigung in der Seele der Marquise.

---

(54) Materialienanhang der Editionenausgabe, S. 76/77.
(55) (Anmerkung 26), S. 145.
(56) Klaus Birkenauer: Heinrich von Kleist, rätselhaft und frühvollendet. Heyne-Taschenbuch, Tübingen 1977, S. 201/202.

– Der Tag der Erkenntnis (41–45)
Die Familie spricht sich für eine Vermählung aus unter der Voraussetzung, daß die Umstände zumutbar sind; dabei leitet sie der Gedanke an das Glück der Marquise. Diese dagegen ist in jedem Falle zur Heirat entschlossen im Interesse ihres Kindes, „es koste was es wolle“. – Und dann tritt am Morgen des gefürchteten Dritten der Graf F... ein.
Sein Erscheinen löst bei der Marquise einen Schock aus. Bestürzt will sie die Tür vor ihm verschließen; sie will ihn nicht sehen, nichts von ihm wissen. Als er im Zimmer steht, ist ihre instinktive Reaktion, sich der bewußten Gegenüberstellung zu entziehen: Zuerst glaubt sie, „vor Verwirrung in die Erde zu versinken“, dann will sie entfliehen. Von der Mutter festgehalten, ruft sie auf die Frage, wen sie denn erwarte, aus: „Nun? doch ihn nicht -?“, was einer apotropäischen Beschwörungsformel gleichkommt. Und als das alles nichts nützt, überfliegt „Blässe des Todes ihr Antlitz“, sie steht „starr“ und glaubt, sie werde wahnsinnig.
Genauso sieht eine Schocktherapie aus. Sie wird gezwungen, die Wahrheit, der sie unter allen Umständen ausweichen will, bewußt zur Kenntnis zu nehmen. Jetzt, wo kein Verdrängen mehr möglich ist, gerät sie zuerst, auf dem Höhepunkt des Schocks, in Ekstase; ihre Bewegungen und Mienen sind die einer Furie. Sie glaubt, den Teufel leibhaftig vor sich zu sehen, und will ihn mit Weihwasser bannen. Dann fällt sie in einer Phase der Erschlaffung in ein heftiges Fieber; es sind durchaus körperliche Symptome des Psychoschocks. Langsam kommt sie in die Lage, das Erlebte verbal und rational zu verarbeiten. Nach der strikten Weigerung, den Grafen zu sehen, findet sie sich am anderen Morgen, nachdem sie sich weiter beruhigt hat, in das Pragmatisch-Vernünftige. Der akute Schock ist damit abgeklungen; bis seine heilende Wirkung einsetzt und erfolgreich beendet ist, vergeht ein Jahr.
Der *Vater*, der mit zuckenden Wimpern und weißen Lippen seine Niederlage anerkannt hat – freilich ist sie gemildert durch die vorangegangene Versöhnung mit seiner Tochter –, faßt sich augenblicks und regelt die Dinge ordnend im juristischen Sinn.
Der *Graf* zeigt dadurch, daß er mit allen demütigenden Bedingungen einverstanden ist, aber auch durch seine schweigende Feinfühligkeit vor und nach der Trauung, daß seine Reue echt ist und er seinen Willen, das Geschehene wieder gutzumachen, konsequent in die Tat umsetzt. Offen bleibt die Frage, wie der Graf, der bestimmt kein verworfener, ruchloser Charakter ist, zu einer so unritterlichen Tat fähig war, auch wenn Theodor Fontane in seinem von Altersweisheit geprägten Essay[57] ihm weises Verständnis entgegenbringt. Konnte er in jener verhängnisvollen Nacht mit dem stillen Einverständnis der Marquise rechnen? Obwohl viele Indizien dafür sprechen, bleibt auch dieser Frage die eindeutige Antwort versagt.
Am Ende der Novelle ist die Einrichtung der Welt genauso unerklärlich wie am Anfang. Der Graf in seiner engelhaft-diabolischen Ambivalenz ist Teil der Widersprüchlichkeit dieser Welt, wie auch die Eltern in der Heftigkeit ihrer gegenläufigen Reaktionen und sogar das noch ungeborene Kind, das, als Geschöpf göttlichen Ursprungs, diesen Ursprung einem Verbrechen verdankt, den Widerspruch in sich tragen. Und auch die Marquise fühlt den Bruch, der durch die Weltordnung geht, in sich, wenngleich sie sich lange dagegen sträubt, dies anzuerkennen.

---

(57) Theodor Fontane, (Faux pas), 1872; Materialienanhang der Editionenausgabe, S. 59/60.

Wie sie in der Mitte der Erzählung der Welt zum Trotz ihre Mutterschaft annimmt, bereit, „sich mit Stolz gegen die Anfälle der Welt zu rüsten“, so findet sie sich am Ende zu Verzeihung und Liebe. Damit hat sie nicht die Gebrechlichkeit der Welt überwunden, aber sie hat sie innerlich angenommen und sich in ihr eingerichtet.

2.5 Protokoll einer Identitätskrise

Die Geschichte der Marquise von O... beginnt als Idylle, die durch den brutalen Kriegseinbruch ein plötzliches Ende findet. Allerdings ist die innere Sicherheit der jungen Witwe, die, mit der Erziehung ihrer Kinder und ihrer Eltern Pflege beschäftigt und ihren künstlerischen Neigungen hingegeben, ein Leben „in der größten Eingezogenheit“ führt, von Anfang an labil und jederzeit gefährdet, weil sie gegen die Natur jedes triebhaft-weibliche Verlangen unterdrückt.
Die Ereignisse in der Nacht des Sturmangriffs reißen dieses Leben aus der scheinbar sicheren Sorglosigkeit in eine Existenz- und Bewußtseinskrise, deren Ausgang bis zuletzt offen bleibt. Alle Festpunkte, die dem Leben der Marquise bisher Halt und Rahmen gegeben haben, entziehen sich der Reihe nach ihrem suchenden Zugriff: Das Vertrauen der Mutter verkehrt sich in Ablehnung, die Liebe des Vaters schlägt um in Haß, das kreatürliche Gefühl der Schwangeren wird von Selbstzweifel erschüttert, und schließlich treibt das schwankende Wissen um sich selbst die in ihrem Ichbewußtsein Verunsicherte an den Rand der Selbstaufgabe. In all diesen aufbrechenden Konflikten erlebt sie den widersprüchlichen Charakter der Welt.
Schrittweise gewinnt sie die verlorenen Positionen zurück. Indem sie sich zu ihrer biologischen Bestimmung bekennt, indem sie trotz Kränkung und Zurückweisung ihren Eltern Ehrfurcht und Kindesliebe bewahrt und am Ende zu Verzeihung und Liebe bereit ist „um der gebrechlichen Einrichtung der Welt willen“, findet sie allmählich zu sich selbst, auch wenn die Widersprüchlichkeit der Welt bestehen und ihr Selbst ihr im letzten unerklärlich bleibt.
Goethes Iphigenie gelangt nach Selbstzweifeln und inneren Kämpfen zur Klarheit ihres Sollens. Sie erfüllt in exemplarischer Weise das Sittengesetz und erreicht einen harmonischen Ausgleich zwischen Innenwelt und Außenwelt. – Die Marquise von O... entdeckt in einer Situation tiefer Verunsicherung, in der sie an der Welt verzweifelt und ihr Ich ihr zu entgleiten droht, die Kräfte ihres Ichs. Sie meistert die Krise, die ihr auferlegt ist, und findet sich damit ab, weiterzuleben trotz der Gebrechlichkeit der Welt, von der auch sie ein Teil ist. Der Bruch, der sich durch die Welt zieht und mitten durch ihr Inneres hindurch, bleibt bestehen.
Goethe repräsentiert in seiner Frauengestalt das klassische Ideal; Kleist protokolliert in der Geschichte der Marquise von O..., das Lebensgefühl des modernen Menschen vorwegnehmend, eine Identitätskrise, die auch die seine war.

3 Arthur Schnitzler: ‚Flucht in die Finsternis'

3.1 Der Anfang der Erzählung

Obwohl von der äußeren Handlung her die ersten beiden Kapitel eine Einheit bilden, die deutlich von dem mit dem dritten Abschnitt einsetzenden Fortgang der Erzählung abgesetzt ist, gehören für den inneren Zusammenhang der Einleitung im Sinne der Exposition die drei ersten Abschnitte zusammen. Roberts letzter Urlaubstag Ende Oktober auf einer der dalmatinischen Küste vorgelagerten Ferieninsel, die Überfahrt zum Festland, eine kurze Besichtigung der Hafenstadt und ihrer römischen Ruinen bis zur Abfahrt des Zuges, schließlich die Fahrt im Nachtexpreß nach Wien – das ist äußerlich die Hinführung zum raum-zeitlichen Schauplatz. Das dritte Kapitel beschreibt – am Morgen, bei strömendem Regen – die Ankunft in Wien, wo sich, abgesehen von dem kurzen Aufenthalt auf dem Semmering, das Schicksal Roberts bis zum 16. Kapitel erfüllen wird. Über dieses Gliederungsprinzip hinaus sind der zweite und der dritte Abschnitt eng zusammengebunden. „Ein Wort fing an in ihm zu klingen" (S. 8), das dem Leser zunächst rätselhaft bleibt. Sechs Seiten später löst sich ihm das Rätsel. Aus dem Kontext erfährt er, daß „das schicksalvolle Wort", das „für ihn zum erstenmal aus seiner Buchstabentotheit wieder zu lebendiger Bedeutung erwacht war" (S. 14), das Wort „Wahnsinn" ist. Damit ist das eigentliche Thema der Erzählung beim Namen genannt: die Bedrohung des Menschen durch eine dunkle Macht aus seinem Inneren und seine schließliche Niederlage. Gleichzeitig werden in den drei Einleitungskapiteln alle die Erzählung konstituierenden Motive angeschlagen: das Verhältnis der beiden Brüder zueinander; die Rollen, die die drei Frauen (Brigitte, Alberta, Paula) in Roberts Leben spielen; die Erinnerung an den unglücklichen Freund Höhnburg und an den seltsamen Vertrag mit dem Bruder, aus der sich Roberts Angst vor dem eigenen Wahnsinn nährt; schließlich die Symptome einer beginnenden Schizophrenie – Erlebnisbereiche, die den Menschen Robert über Krisen der Identitätserfahrung zur Vernichtung führen werden. Daß in der Einleitung die äußere Gliederung durch die innere Disposition überlagert ist, ist Ausdruck für die Prävalenz der untergründig-seelischen Vorgänge gegenüber den in Raum und Zeit ablaufenden Ereignissen in dieser Erzählung.

Beim Erwachen wird Robert seiner abermaligen Vergeßlichkeit gewahr, und eine Verstimmung über dieses neuerliche Zeichen von Zerstreutheit kommt über ihn. Beobachtungen, die jeder Mensch schon an sich selbst gemacht hat, Anzeichen von Affekt- und Denkstörungen, begreift der für Roberts Krankheitsgeschichte sensibilisierte Leser von Anfang an als die Frühsymptome einer seelischen Erkrankung.

Der Brief, in dem der ältere Bruder Otto, ein angesehener Wiener Nervenarzt, seine Ernennung zum außerordentlichen Professor anzeigt, veranlaßt Robert, über sein Verhältnis zum Bruder nachzudenken. Oder richtiger: Der Brief ist für den Erzähler der Anlaß, über dieses Verhältnis zu berichten und das für die Erzählung so wichtige Brudermotiv einzuführen. Der Erzähler ist dabei der unbestechliche Berichterstatter, der auch wider besseres Wissen Meinungen und Empfindungen seiner Figur als solche referiert. „Empfinden ließ", „wollten erscheinen", „glaubte zu erkennen" (S. 3) sind die sprachlichen Wendungen, mit denen der Autor unter Zurückstellung seiner Allwissenheit Roberts Gedanken berichtet. Als der „beste und reinste Gewinn seines Daseins" erscheint Robert das Verhältnis zum Bruder, „von natürlich gesicherter Beständigkeit", „frei von jenen Trübungen, die unerwartet aus dunklen Seelengründen aufsteigen" – aber genau das Gegenteil ist richtig. Nur die Vorstellung von der unzweifelhaften und unauflöslichen Zusammengehörigkeit der beiden Brüder enthält, wenn auch in einem makabren Sinn, aus der umfassenden Perspektive des Erzählers eine tiefere Wahrheit als aus der beschränkten Sicht des Protagonisten.

Als Alleinreisender beschäftigt sich Robert naturgemäß viel mit sich selbst und seinen Erinnerungen. Die Gedanken an Alberta und die überstürzte Trennung von ihr führen ein weiteres Motiv ein, das sich im Fortgang der Erzählung über die Wahnidee und die Zwangsvorstellung schließlich zur Zwangshandlung verdichten wird. Und der Abschied von den Damen Rolf, zu denen er in einem distanzierten Bekanntschaftsverhältnis steht, insbesondere von Paula, in deren Blick er eine Verheißung fühlt, die ihn nachdenklich stimmt, nimmt eine Hoffnung vorweg, die in dem Schweben zwischen Gesundung und Untergang für lange eine positive Wendung erwarten läßt.

Dazwischen aber ergreifen immer wieder befremdliche Zustände Besitz von Roberts Seele, die Düsteres ahnen lassen. Während er unschlüssig im Bootshafen wartet, verschwimmen ihm Gegenwart und Vergangenheit, Identität und von außen geschautes Bild – die Psychiatrie spricht von der Selbstentfremdung als einer Persönlichkeitsstörung, die den schizophrenen Patienten sich selbst wie einen Außenstehenden erleben läßt.[58] Und wenn ihn die südliche Landschaft mit einemmal „duftlos, trocken und ihres gewohnten Reizes wie entkleidet" (S. 5) anmutet, so sieht man einen Autor am Werk, der zugleich Nervenarzt ist, der die Gefühlsverarmung als Frühmanifestation einer schizophrenen Affektstörung in der Person Roberts dichterisch gestaltet. Der Weg, den Robert in der Erzählung gehen wird, die Flucht in die Finsternis, ist am Ende des ersten Kapitels sinnbildlich angedeutet: Während er in der Abenddämmerung in das Rund der Arena hinunterblickt, „stieg, gleich einer dunklen Mahnung, aus der Tiefe des ungeheuren Kreises der Abend zu ihm empor" (S.6). Die Bedrohung, die unentrinnbar aus dem Inneren der menschlichen Seele kommt, hat ihre Entsprechung in dem Außenbild, das die hereinbrechende Nacht allmählich dem unterscheidenden Blick entzieht.

Während der Heimfahrt im Schlafwagen treffen in Roberts Empfinden die hellen, steuerbaren geistigen Bewegungen und die aus kranker Seele aufsteigenden dunklen Kräfte krisenhaft aufeinander. Das frohe Vorgefühl, die Freude auf „winterlich-städtische Vergnügungen", Theater- und Restaurantbesuche, Gesellschaften und Schaufensterbummel (S. 5), weicht einer „sonderbaren Bangigkeit", er ist bedrückt, „noch Schlimmeres" scheint sich „dunkel drohend" anzumelden: Da ist sie wieder, die depressive Verstimmung, die zunehmend auch von Angst begleitet sein wird. In dieselbe „unruhevolle Bangigkeit" wandelt sich die Vorfreude auf das Wiedersehen mit dem Bruder. Dann verliert sich sein Denken in abgrundlose Grübeleien, denen er keine Widerstandskraft entgegenzusetzen vermag, und die richtige Ahnung, ein vom Wahnsinn Gezeichneter zu sein, überfällt den Wehrlosen: Aber noch gelingt es ihm, indem er zehnmal, fünfzigmal das Wort für sich ausspricht, das aus seiner Seele aufsteigende Grauen zu bannen.

---

(58) Ausdrücklich für den interessierten Laien ist das Krankheitsbild der Schizophrenie dargestellt in: Wolfgang Demuth: Der schizophrene Mensch. Enke, Stuttgart 1987. – Diesem Buch verdanken unsere Ausführungen die medizinische Hintergrundinformation.

Nach Roberts Ankunft im Gasthof, im dritten Kapitel, werden die Vorahnung des Wahnsinns und das Brudermotiv zusammengeführt. In der Rückschau erinnert er sich an seinen Freund Leutnant Höhnburg und daran, daß er damals in einem Pratergarten sich lauter und übermütiger als sonst aufführte und dem Kellner ein Trinkgeld in ungewöhnlicher Höhe überreichte. Vom Bruder war die gehobene Stimmungslage sogleich als Zeichen schizophrener emotionaler Instabilität erkannt worden, die sich kurz darauf in einem Tobsuchtsanfall entladen hatte, der die Einweisung in eine geschlossene Anstalt notwendig machte. Mit Grausen denkt Robert zurück an jenen Frühlingsabend, an dem „vielleicht schon sein eigenes Schicksal geheimnisvoll sich angekündigt hatte" (S. 12). Gleichzeitig erinnert er sich an das Versprechen, das er damals seinem Bruder abgetrotzt hatte, ihn bei den ersten Anzeichen einer Geisteskrankheit unauffällig zu töten, und an den Brief, in dem er den Empfang jenes Versprechens bestätigt hatte, der sich seit dieser Zeit im Besitz des Bruders befand. Vor einem halben Jahr hatte sein Gesundheitszustand eine Erholungsreise angeraten erscheinen lassen, weil seine gewohnte Beschäftigung ihm unmöglich wurde, weil sein Gedächtnis versagte, weil er sich aus der Gesellschaft zurückzog und er sich über nichtige Anlässe ärgerte, ja sogar sein Klavierspiel ihn zu Tränen rührte (S. 14). Robert hatte damals nicht an den Ausbruch des Wahnsinns gedacht, überdies fühlt er sich durch den Vertrag mit dem Bruder wie von einem Bann befreit. Der medizinisch interessierte Laie aber erkennt in den Gründen, die zur Erholungsreise führen, die Symptome der Schizophrenie: Unregelmäßigkeiten im Beruf und Zerstreutheit, Reizbarkeit, depressive Verstimmung, das Mißverhältnis zwischen Denkinhalten und Affekten, Abbruch sozialer Kontakte. Die Diagnose ist eindeutig.

Und dann kommt bei Robert der Umschlag: Der Vertrag mit dem Bruder, dem er seine Sicherheit zu verdanken glaubt, kann er nicht gerade so gut sein Todesurteil bedeuten, wenn die Ärzte sich täuschen, wenn sie „selbst irrsinnig werden und einen geistig Gesunden für geisteskrank halten"? (S. 14). Der schizophrene Verfolgungswahn droht. Noch kann Robert sich gewaltsam aus den krankhaften Grübeleien befreien, aber den geplanten Besuch beim Bruder verschiebt er doch lieber auf morgen.

Am Ende des dritten Kapitels ist der weitere Verlauf der Erzählung festgelegt. Es handelt sich um eine Krankheitsgeschichte und eine Brudernovelle. Die beiden Brüder sind – durch Zufall, Schicksal oder Bestimmung – aneinander gekettet. Der Gesunde versucht den Kranken zu retten und stirbt durch dessen Hand; der Kranke glaubt sich durch den Gesunden bedroht und kommt tatsächlich durch ihn um, wenn auch in einer ganz anderen Weise. In seiner Geistesverwirrung glaubt er ein Verhängnis zu erkennen; gerade indem er sich ihm zu entziehen versucht, beschwört er es herbei, unentrinnbar für sich und den Bruder. Von Anfang an wird der Leser auf die Krankheitszeichen achten, die sich zunächst gar nicht von jederzeit an sich selbst erfahrbaren Zuständen unterscheiden. Fasziniert verfolgt er den fortschreitenden Verlauf eines geradezu klassischen Falles von Schizophrenie, der aus der Feder eines Dichter-Arztes literarische Gestalt gewonnen hat. Er nimmt teil an dem „Existenzdilemma eines Menschen, der um sein Selbstbewußtsein ringt"[59], und erkennt nachdenklich, daß im Inneren eines jeden Menschen Kräfte und Gegenkräfte am Werk sind, die es beständig in Ausgleich und Schwebe zu halten gilt, von deren Gleichgewicht es abhängt, ob wir einen Menschen als „normal" oder „anormal" ansehen. Und vielleicht fragt er sich, ob zwischen Normalität und klinischer Ma-

(59) Martin Swales, 1971, im Materialienanhang der Editionenausgabe, S. 138.

nifestation wirklich eine sichere Grenzlinie zu ziehen ist, wie Otto meint, oder ob sein ärztlicher Gegenspieler Leinbach recht hat, für den zwischen echtem Wahnsinn und „jener Art von unsicherer Normalität, in der die meisten Menschen leben“[60], kaum ein Unterschied besteht.

3.2 Der Bau der Erzählung

3.2.1 Die Behandlung der Zeit

Der letzte Urlaubstag, die Nachtfahrt und die Ankunft im Gasthof am Morgen des zweiten Tages: Die in den ersten drei Kapiteln beobachtete Zeiteinteilung wird als Gliederungsprinzip die ganze Erzählung hindurch beibehalten. Die weiteren Ereignisse des zweiten Tages – Mittagessen, Wohnungssuche, eine Theatervorstellung, danach der Besuch eines Kaffeehauses und eine kleine Abendgesellschaft in einer Bar – werden im vierten Kapitel abgeschlossen. Im fünften erfolgt am Vormittag der Besuch bei der Familie des Bruders, die Zeit vom Nachmittag bis nach Mitternacht nimmt die Episode mit der Klavierlehrerin ein. Dem Nachurlaub auf dem Semmering, dem vierten bis neunten Tag der Erzählung, sind das sechste bis achte Kapitel gewidmet. Und das neunte Kapitel berichtet von Roberts Beschäftigungen während des zehnten Tages: Am Vormittag findet er sich zum ersten Mal wieder im Amt ein, und nach dem Mittagessen erwartet er bei seiner Schwägerin die Rückkehr des Bruders aus der Ordination. Auf der Rückfahrt von einem abendlichen Krankenbesuch kommt es dann zu dem Gespräch der beiden Brüder über Zwangsvorstellungen und Zwangshandlungen. Die Grenze zwischen einer behebbaren seelischen Störung und Wahnsinn liegt für den Arzt da, wo eine Zwangsvorstellung nicht rechtzeitig korrigiert wird, sondern sich in Zwangshandlungen umsetzt. Otto ist sicher, diese Grenze immer bestimmen zu können. Nach diesem Gespräch sind alle Sorgen und Ängste von Robert genommen. Die ersten neun Kapitel enthalten also genaue Tagesprotokolle der ersten zehn Tage der Erzählung. Am Ende dieses Abschnittes ist nach ernsthaftem Krankheitssymptomen eine Phase relativer Stabilität in Roberts Gesundheitszustand erreicht.
Es folgen in den Kapiteln X bis XIII die Berichte über acht einzelne Tage und Abende innerhalb einer nicht mehr fortlaufend protokollierten Zeitspanne. „Eine Reihe von guten Tagen brach für Robert an“ – „einmal“ – „eines Abends“ heißt es im zehnten Kapitel. Im elften Kapitel lesen wir: „Er ließ drei Tage verstreichen“ – „Nicht immer“ – „oft“ – „eines Abends“; und im zwölften: „zuweilen“ – „bei dieser Gelegenheit einmal“. Solche Wendungen machen deutlich, daß der Autor im Mittelteil seiner Erzählung von dem anfangs beobachteten Prinzip der zusammenhängenden Zeit abweicht und aus einer nicht mehr nachprüfbaren Gesamtzeit punktuelle Ereignisse herausgreift – das gemeinsame Musizieren mit Paula, die Verlobung, den entlastenden Brief aus Amerika, die Wohnungssuche –, die, ohne daß die bedenklichen Zeichen ganz abklängen, doch an einen Genesungsprozeß denken lassen.
Am Ende des zwölften und im dreizehnten Kapitel geschieht dann der Umschlag; es verdichten sich die Anzeichen für den ausbrechenden Verfolgungswahn. Entsprechend

---

(60) Martin Swales (Anmerkung 59), S. 139.

straffer wird die Durchführung der Zeit im dreizehnten Kapitel: „Manchmal“ – „in einer Nacht, nach einem geselligen Abend“ – „am nächsten Morgen“ – „am späten Nachmittag“.
Im dritten Teil der Erzählung, vom vierzehnten Kapitel bis zum Schluß, geht es dann, ohne weitere zeitliche Aussparung, Schlag auf Schlag. Am ersten Tag geht Robert statt ins Büro in den Prater, dann zum Bruder, um den Brief zurückzufordern; beim Abendessen mit Paula entwickelt er die Geschichte seiner Verfolgung und Bedrohung (14. Kapitel). Am zweiten Tag faßt er, nachdem Otto ihm den Brief zurückgebracht hat, den Plan zur Flucht und beantragt dazu einen weiteren Sonderurlaub bei seinem Vorgesetzten (15. Kapitel). Am Mittag desselben Tages weiht er Paula in den Fluchtplan ein und reist selber, statt erst um 18.00 Uhr, mit dem früheren Zug um 15.00 Uhr ab (16. Kapitel). Nach vierstündiger Bahnfahrt langt er in dem winterlich verschneiten Marktflecken an und erwartet um 22.00 Uhr vergebens seine Verlobte. Um 02.00 Uhr, in der Nacht, die auf den zweiten Tag folgt, trifft Otto ein, und Robert tötet ihn. Darauf läuft er besinnungslos sieben Wegstunden weit ins Freie. Am Morgen des dritten Tages, um 09.00 Uhr, muß sein Tod eingetreten sein. Drei Tage später findet man seinen Leichnam.
In den letzten vier Kapiteln verliert der Leser Robert buchstäblich keine Stunde aus dem Auge. Die Tagesprotokolle verdichten sich am Schluß zu Stundenprotokollen. Der bewußten Durchführung der Zeit verdankt die Erzählung ihre Gliederung und ihre besondere dramatische Wucht.

I–IX:	Tagesprotokolle: zusammenhängende Zeit	Erste Krankheitssymptome
X–XIII:	Acht Tage oder Abende innerhalb einer nicht fortlaufend protokollierten Zeitspanne	Gesundungsprozeß
XIV–XVII:	Tagesprotokolle, dann Stundenprotokolle	Ausbruch des Verfolgungswahns

3.2.2 Die innere Gliederung

Auch *William H. Rey*[61] geht bei der Betrachtung des inneren Geschehens von einer Dreiteilung der Erzählung aus; er ordnet dem ersten Teil sechs Kapitel zu, dem zweiten Teil fünf und dem dritten wiederum sechs.
Der erste Teil (I–VI) behandelt in einer absteigenden Linie vom relativen seelischen Gleichgewicht über die Angst vor dem Wahnsinn bis zu der Wahnidee, Alberta und Brigitte ermordet zu haben, Roberts erste Krankheitsphase. Sie gipfelt am Ende des sechsten Kapitels in ersten Anzeichen von Verfolgungswahn.
Im zweiten Teil (VII–XI) setzt eine Gegenbewegung ein, die auf Genesung und ein gutes Ende hoffen läßt. Robert lernt Paula näher kennen, sie gibt ihm innere Kraft und das Gefühl der Freiheit; er nimmt seine Arbeit wieder auf und verlobt sich mit ihr; sein Leben wird in sichere Bahnen gelenkt. Den Schlußpunkt dieser scheinbaren Wendung zum Guten setzt Albertas Brief am Ende des elften Kapitels. „Ihm war, als sei durch diesen Brief eine düstere, gefahrvolle Epoche seines Lebens ein für allemal abgeschlossen“ (S. 62).

---

(61) William H. Rey: Arthur Schnitzler. Die späte Prosa als Gipfel seines Schaffens. E. Schmidt, Berlin 1968. Textauszüge im Materialienanhang der Editionenausgabe, S. 132–138.

Mit dem Ausbruch des Verfolgungswahns im zwölften Kapitel beginnt der *dritte Teil (XII–XVII)*, die zweite Krankheitsphase, die in rasch fortschreitendem Verlauf zu Vernichtung und Selbstzerstörung führt.
Die innere Handlung mit ihrem zweimaligen Umschlag wird mit einer Wellenlinie verglichen:

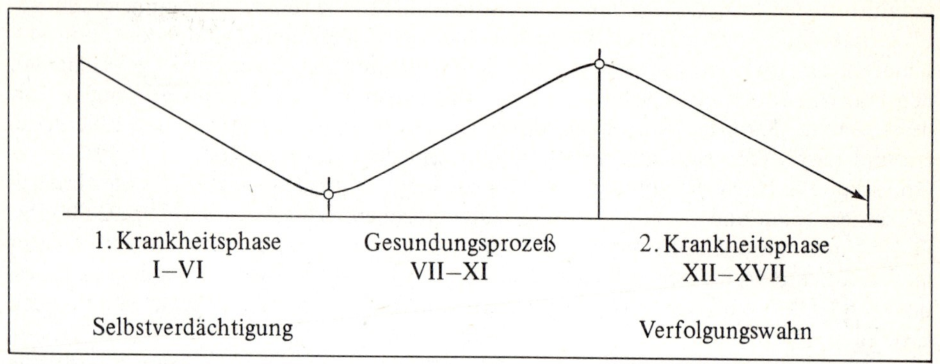

Zuerst, in der Phase der Selbstverdächtigung, hält Robert sich für wahnsinnig, ist aber eigentlich noch gesund. Dann, nach dem Ausbrechen des Verfolgungswahns, hält er sich für gesund, verfällt aber tatsächlich dem Irrsinn.
Rey sieht in dem Gegensatz zwischen der straffen äußeren Gliederung und dem inneren Zerfall der Hauptperson, zwischen der Klarheit in der Form der Beschreibung und dem Thema der geistigen Auflösung, aber auch in dem Kontrast zwischen der strengen Gesinnung Ottos, des gesunden, und der Perspektive Roberts, des kranken Bruders, die innere Spannung der Erzählung begründet. Dazwischen taucht immer wieder die Klavierlehrerin auf, in Wirklichkeit (5. Kapitel), im Traum (7. Kapitel), als Vision (14. Kapitel) und in der Erinnerung (8. und 17. Kapitel), an Roberts Vertrauensverlust, Liebesversagen und Herzenskälte gemahnend. Und in den beiden Ärzten stehen sich kontrapunktisch zwei gegensätzliche medizinische Einstellungen gegenüber, die des Schulmediziners Otto und die des Relativisten und Skeptikers Leinbach.[62]
Bei der Behandlung im Unterricht wird man wohl einer der beiden vorgestellten Kapitelaufteilungen folgen, entweder der an der erzählten Zeit oder der an der inneren Gliederung orientierten. Für die erstere spricht die Tatsache, daß sich die am Ende des sechsten Kapitels berichteten Anzeichen für Verfolgungswahn im siebenten Kapitel, nach der Abreise der Damen Rolf, und im achten, beim gemeinsamen Ausflug mit Leinbach, wiederholen und daß „eine Reihe von guten Tagen" für Robert ausdrücklich erst am Anfang des zehnten Kapitels anbricht, an der Stelle, wo auch der Wechsel in der erzählten Zeit eintritt. Rey dagegen läßt den zweiten Teil der Erzählung mit dem Wiederauftauchen von Paula zu Beginn des siebenten Kapitels einsetzen. Im übrigen brauchen sich die beiden Gliederungsprinzipien nicht auszuschließen. Eher überlagern sie sich, was, wie schon der Anfang der Erzählung gezeigt hat, die besondere Eigenart der Schnitzlerischen Erzählkunst ausmacht.

(62) Zu diesem letzten Gedanken vgl. Martin Swales (Anmerkung 59).

3.3 Der medizinisch-pathologische Fall

Da Arthur Schnitzler Nervenarzt und Dichter in einer Person ist, liest sich seine Erzählung ‚Flucht in die Finsternis' über weite Strecken wie die Umsetzung eines medizinischen Erfahrungsberichts ins Literarische. Umgekehrt entsteht für den aufmerksamen Leser während des Lesens das exakte Bild eines Krankheitsverlaufs der Schizophrenie; er muß nur auch nach der exemplarischen Lektüre des Anfangs weiter von Kapitel zu Kapitel auf die Symptome achten.

Die beiden Tage in Wien vor der Abreise auf den Semmering (IV / V)
Während der Wohnungssuche findet Robert im Bewußtsein seiner Einsamkeit inneren Halt im Gedanken an Paula Rolf, aber er kann sich beim besten Willen nicht mehr an ihren Vornamen erinnern (16/6). – Sogar für den Fachmann ist es schwer, plötzliche Gedächtnisschwäche als eine Alltagserscheinung oder als eines der vielen Vorläufersymptome seelischer Erkrankung zu beurteilen.
Robert und ein paar Freunde beenden den Abend in einer Bar. Während des Klavierspiels und in Erinnerung an seine frühverstorbene Gattin möchte Robert lächeln, aber „Tränen stiegen ihm in die Augen, und er konnte sich eben noch mit Mühe zurückhalten, laut aufzuschluchzen" (20/11 f.). Statt dessen lacht er „laut und schrill" auf, wodurch er die Aufmerksamkeit anderer Gäste auf sich zieht. „Was hast du?", fragt Leinbach und schaut ihn scharf an. Am Ende des Abends bedankt sich Robert für die bereits bezahlte Rechnung „mit humoristischer Übertriebenheit" und gibt dem Pianisten ein phänomenales Trinkgeld, obwohl er, gewarnt durch das Beispiel seines armen Freundes Höhnburg, gerade das hatte vermeiden wollen. Und auf dem Nachhauseweg schaut er sich selber zu wie im Traum (s. 21). – Durch das Versagen der natürlichen Affektsteuerung, durch eine bald gehobene, bald niedergedrückte emotionale Stimmung zeigt Robert ein auffälliges Sozialverhalten, das hier und später immer wieder seine Freunde sich nach seinem Befinden erkundigen läßt. Dazu kommt an dieser Stelle ein zwanghaftes Handeln und , wieder, das Bewußtsein der Selbstentfremdung. Allein im Treppenhaus, überfällt ihn mit dem Verlöschen der Beleuchtung eine jähe Angst vor der Finsternis um ihn und in ihm, die erst, nachdem er die Zimmertür hinter sich geschlossen hat, einem befreienden Gefühl weicht.
Am nächsten Tag besucht Robert die Familie seines Bruders. Dabei erregt die in dem plötzlichen Entschluß zu einer abermaligen Reise sich äußernde Unruhe Ottos Aufmerksamkeit.
Nach Tisch im Gespräch mit der Schwägerin nehmen ihn eine erneute Gedächtnisstörung, da er sich den Abschied von Alberta nicht mehr zurückzurufen vermag, daran anschließende quälende Fragen und die plötzlich über ihn hereinbrechende Zwangsvorstellung, Alberta ermordet zu haben, so sehr in Beschlag, daß Marianne, auf den Abbruch der Kommunikation aufmerksam geworden, wie vorher schon Leinbach, „mit einem unverkennbaren Ausdruck der Besorgnis" (S. 26/21) auf ihn blickt. Nach dem übereilten Abschied hält ihn die Wahnidee noch längere Zeit fest – er glaubt sich bereits verfolgt und sinnt auf Präventivmaßnahmen –, ehe sie langsam abklingt.
Die zweite Hälfte dieses Tages vergeht mit einem dürftigen Liebesabenteuer (28–32), an dessen Ende sich Robert sprunghaft, gefühlskalt und affektgestört zeigt.

Die sechs Tage auf dem Semmering (VI–VIII)
Nach zwei Tagen relativen Wohlbefindens kündigt sich durch Schlaflosigkeit und abermaligen Gedächtnisverlust (S. 32) die nächste Phase der Krankheit an. Während er noch die Zwangsvorstellung vom Mord an Alberta rational zu bewältigen versucht, überfällt ihn mit doppelter Macht die Wahnidee, nicht nur die Geliebte erschlagen, sondern früher schon auch sein junge Frau Brigitte vergiftet zu haben. Wieder ist es die Finsternis, in der die Schreckgedanken den Wehrlosen martern, während sie, nachdem er die Lampe eingeschaltet hat, wie Halluzinationen zerflattern (S. 35). Immerhin bleibt auch im Wachzustand der feste Vorsatz, von solchen Einbildungen weder Leinbach noch Otto etwas zu verraten. „Nein, nein, so leicht soll es euch nicht gemacht werden" (S. 34/35). Zum ersten Mal nimmt der allmählich einsetzende Verfolgungswahn deutlichere Formen an. Da die Intensität der Krankheit sich deutlich steigert, ist es angebracht, jetzt nicht mehr nur von einem phasischen Verlauf zu sprechen, bei dem nach Ausbruch keine Veränderung zurückbleibt, sondern bereits von einem Krankheitsschub, nach dessen Abklingen das Ausgangsniveau nicht mehr erreicht wird.
Der nächste Tag (7. Kapitel) beschert Robert mit der inneren und äußeren Annäherung an Paula eine „lang nicht erlebte, beinahe beglückte Stimmung" (S.39/17) und das Bewußtsein, daß ihm „zwischen Schwäche und Stärke, zwischen Gesundheit und Kranksein, zwischen Klarheit und Verwirrung" (S. 40/16 f.) immer noch die freie Wahl gegeben ist, der Wille und die Kraft, wieder gesund zu werden (S. 41). Umso vernichtender bricht am Ende dieses Tages mit der Nachricht von der unvorhergesehenen Abreise der beiden Damen die Zwangsvorstellung wieder über ihn herein, deutlich verstärkt durch Anzeichen von Verfolgungswahn. Wenn Robert am Ende des Kapitels sich einredet:

„Ich bin kein Mörder, und kein Mensch denkt von mir, daß ich einer sein könnte [...] Ich bin ja frei, ich bin ja nicht eingesperrt [...] Ich habe die Wahl [...]" (S. 43/27–35),

so klingt das eher nach ohnmächtiger Beschwörung denn nach ruhiger Selbstgewißheit. Auch am letzten Tag seines Aufenthalts im Gebirge (8. Kapitel) schwankt Roberts Zustand zwischen dem Wohlgefühl, jung und gesund zu sein, und der Unruhe, im Bann einer unheimlichen Gewalt zu stehen. Während der Mittagsrast mit Leinbach, der zu Besuch heraufgekommen ist, wandern Roberts Gedanken zuerst sacht in die Wahnstimmung hinein, dann versucht er sich durch scheinbar unmotiviertes Schreien gegen den Überfall des Wahns zur Wehr zu setzen – eine Verhaltensauffälligkeit, die Leinbach „mit einem sonderbar zwinkernden Blick von der Seite" (S. 46/4) registriert –, schließlich setzt sich in ihm der Verdacht fest, daß der Freund nur deshalb gekommen ist, vielleicht sogar geschickt wurde, um ihn zu beobachten.
Im Mittelteil der Erzählung nehmen die Krankheitssymptome deutlich mildere Formen an und treten fast ganz zurück. Nur einmal kommt es zu einem psychotischen Ausfall Roberts dem Dichter Kahnberg gegenüber, der nach einem Blick in die Abgründe der eigenen Seele intuitiv den Gefährten erkennt und ihn in einer Eifersuchtsaffäre ins Vertrauen zieht.

Im Kaffeehaus mit dem Dichter Kahnberg (10. Kapitel)
Der Dichter, der sich schon lange um Robert bemüht (vgl. 4. Kapitel), stellt äußerlich nachempfundene Mord- und Selbstmordgedanken ziemlich eitel zur Schau und verallgemeinert sie flach in der populärpsychologischen Erkenntnis von der Abgründigkeit der menschlichen Seele. In seiner Geschwätzigkeit ahnt er nicht, an was für einem gefährlich empfindlichen Nerv er damit Robert trifft. Dieser, mühsam um die gesell-

schaftliche Form bemüht, weist ihn ab mit der Bemerkung, darin kein Fachmann zu sein. Kahnberg, jedes Feingefühls ermangelnd, bohrt weiter in der Wunde und fordert Robert, dessen Abwehrkräfte mit der defensiven, aber unwahren Behauptung erschöpft sind, in seiner Seele herrschten höchst geordnete Verhältnisse, zu einer lauten, gereizten und heftigen Szene heraus, an deren Ende nicht nur der Gesprächspartner beleidigt ist, sondern er selbst in der Isolation seines Mißtrauens die Fähigkeit zu sozialen Kontakten eingebüßt hat. Er flüchtet sich, zum ersten Mal, in die bedenkliche Schutzbehauptung, nicht er sei irrsinnig, aber die Welt wimmle von Geistesgestörten, vor denen es auf der Hut zu sein gelte. Dieser neuerliche Krankheitsausbruch klingt während einer Zufallsbegegnung auf der Straße ab, und zurückbleibt eine tiefe Depression, in der ihm Paula als die Inkarnation einer geradezu religiösen Heilshoffnung erscheint.

Der Ausbruch des Verfolgungswahns (XII–XVII)
Die scheinbare Genesungsphase im Mittelteil der Erzählung endet mit der quälenden Erinnerung an den Brief, der sich in Ottos Händen befindet und der den tatsächlich wahnsinnigen Arzt dazu veranlassen könnte, ihn, Robert, den Gesunden, zu beseitigen (12. Kapitel).
Diese fixe Idee nimmt im nächsten Kapitel bedrohliche Formen an. Wieder geht Schlaflosigkeit voraus, während der sich in ihm der Gedanke festbohrt, der miteingeladene Arzt vom Vorabend sei ein Komplize seines Bruders, und beide hätten es darauf abgesehen, ihn in eine geschlossene Anstalt zu bringen, gewissermaßen um von Otto das Gespenst des Wahnsinns abzuwenden. Anderntags kommt es im Kaffeehaus Leinbach gegenüber, den er eigentlich ins Vertrauen ziehen wollte, zu einem Zornesausbruch, ähnlich jenem psychotischen Anfall in Gegenwart des Dichters Kahnberg. Wie damals fühlt sich Robert danach isoliert, einsam und von seinen Mitmenschen verdächtigt (13. Kapitel).
Am nächsten Morgen geht Robert nicht ins Amt, sondern verbringt einen einsamen Vormittag in den Praterauen. Die Angst treibt ihn von dort zu seinem Bruder, um den bewußten Brief von ihm zurückzufordern. Die Gedanken, die ihm dabei durch den Kopf gehen (S. 75), wiederholen fast wörtlich jene Rechenschaftsablage vom siebenten Kapitel (S. 40). Nur hatte er sich selbst damals in der Schwebe zwischen Krankheit und Gesundheit gesehen und hatte sich die Kraft zugetraut, wieder gesund zu werden – und der Leser hoffte noch für ihn. Jetzt dagegen glaubt er, Otto befinde sich in der Krise, seine eigene Klarheit aber sei über jeden Zweifel erhaben. In Wirklichkeit hat ihn der Wahnsinn fest im Griff. Dies zeigt sich auch an der übertrieben gehobenen Stimmung, mit der er dem Bruder gegenübertritt, an der manierierten Sprache, die er dabei verwendet, überhaupt an der Mischung aus Gesprächigkeit und Rührseligkeit, in die sich aber sogleich das Mißtrauen mischt, der andere habe sein Ende längst beschlossen. Plötzlich erscheint ihm Ottos Gesicht als Fratze, so bedrohend, wie ihm neulich sein eigenes Spiegelbild entgegengestarrt hatte. Zum ersten Mal kommt ihm der Gedanke an Flucht. Um seine Fluchtpläne zu begründen und um Paula zur Teilnahme zu veranlassen, erfindet er ihr gegenüber die Geschichte von der Begegnung mit dem Amerikaner. Am Ende des vierzehnten Kapitels ist die Grenze zum klinisch manifesten Wahnsinn, die Otto damals (S. 52/53) gezogen hatte, eindeutig überschritten: Robert ist dabei, seine Zwangsvorstellungen vom Verfolgungswahn in Zwangshandlungen umzusetzen. Nichts kann ihn mehr aufhalten. Als Otto ihm am nächsten Tag den Brief aushändigt, kommt es zunächst zu einer Affektstörung, während welcher Robert dem Bruder

schluchzend an die Brust sinkt. Das schüchterne Streicheln seiner Hände mißdeutet er als Abschied und Urteil. Er beschließt die Flucht noch am heutigen Tage. Der Verfolgungswahn ist voll ausgebrochen (15. Kapitel).
Wie sich die Tagesprotokolle am Ende der Erzählung zu Stundenprotokollen verdichten, mit derselben kleinschrittigen, allesbedenkenden Logik des Geisteskranken geht Robert im sechzehnten und siebzehnten Kapitel zu Werk. Das Ende vollzieht sich zwangsläufig. In heilloser Verwirrung kehren sich ihm alle Werte um. Der Bruder ist gekommen und erkennt, wie es um ihn steht. Er gibt alle bisher zwischen den beiden Brüdern gewahrte Distanz auf. Tiefes Mitgefühl spricht aus seinen Worten, er bringt ihm rückhaltloses Vertrauen entgegen und in der Umarmung körperliche Zärtlichkeit. Aber der Kranke, der schon in hellen Phasen des mitmenschlichen Vertrauens ermangelte – Paula, der Klavierlehrerin gegenüber –, dem die Fähigkeit dazu mit fortschreitendem Krankheitsverlauf immer mehr abhandengekommen war, der zuletzt, auf sein krankes Ich geworfen, mißtrauisch den Kontakt zu den Menschen abgebrochen hat, sieht in den Augen des Bruders nicht dessen „Angst, Mitleid und Liebe ohne Maß“, sondern „Tücke, Drohung und Tod“ (S. 100) und schießt ihm mitten ins Herz.
Schnitzlers Erzählung, das Protokoll einer Identitätskrise, schildert den tödlichen Verlauf einer Schizophrenie. Sicherlich gilt das Interesse des Autors nicht nur dem medizinisch-pathologischen Fall, aber er vermittelt in der Person Roberts doch auch ein beispielhaftes Krankheitsbild.
Schizophrenie ist in der Vorstellung medizinischer Laien häufig eine unheilbare, unaufhaltsam zur vorzeitigen Verblödung führende Geisteskrankheit, die mit Gewalttätigkeit und Gemeingefährlichkeit einhergeht. Die Medien, Vorurteile und der allgemeine Sprachgebrauch tun das Ihre, um die Diagnose Schizophrenie mit Angst und Schrecken zu belasten.
Gemäß der internationalen Klassifikation der Krankheiten der Weltgesundheitsorganisation definiert man Schizophrenie als eine Gruppe „von Psychosen mit einer tiefgreifenden Persönlichkeitsstörung, charakteristischen Denkstörungen, oft einem Gefühl, von fremden Kräften kontrolliert zu werden, Wahnideen, die bizarr sein können, gestörter Wahrnehmung, abnormem Affekt, der mit der tatsächlichen Situation nicht übereinstimmt, und Autismus“.[63] Eine schizophrene Erkrankung kann plötzlich ausbrechen, meistens aber setzt sie langsam, ja schleichend ein. Ihre Vorläufersymptome unterscheiden sich oft nicht von Alltagserscheinungen, wie zwanghaftem Verhalten, Depressionen, Angst- und Unruhegefühlen, Beeinträchtigungen der beruflichen Leistungsfähigkeit, Schlaflosigkeit, Reizbarkeit, sozialem Kontaktverlust, Schuleschwänzen, plötzlichen Reisen, unmotiviertem Lachen oder Weinen. Die häufigsten Erscheinungsformen der Schizophrenie nach ihrem Ausbruch sind
- soziale Auffälligkeiten,
- Störungen der Denkabläufe,
- Sprachstörungen,
- Affekt- und Antriebsstörungen,
- Beeinträchtigungen der Persönlichkeit,
- Störungen der Wahrnehmung,
- Wahnstimmungen, Wahnideen, Wahnhandlungen.

---

(63) Definiert nach: Wolfgang Demuth (Anmerkung 58), dem alle hier vorgetragenen Informationen über Schizophrenie aus medizinischer Sicht entnommen sind.

Der Krankheitsverlauf vollzieht sich in Phasen oder Schüben und kommt häufig etwa fünf Jahre nach Krankheitsbeginn zum Stillstand. Schizophrenie ist nicht unheilbar. Behandlung mit Psychopharmaka, Psychotherapie und verschiedene Formen der Soziotherapie werden heute als Heilmethoden erprobt. Bis zu 80 Prozent aller Fälle gelten als „gutartige" Schizophrenien, nur etwa 20 Prozent sind „bösartig", was ihre Heilungsaussichten betrifft. Die Ursachen der Krankheit liegen noch weitgehend im dunkeln. Schnitzlers Erzählung kann dazu beitragen, eine weitgehend geheimnisumwitterte Krankheit vorurteilsfrei zu betrachten. Darüber hinaus wirft sie aber auch andere Fragen auf.

3.4 Der exemplarische Fall

3.4.1 Die Frage der Normalität

Schnitzler beschreibt von Ende Oktober bis Dezember die letzten Lebenswochen seines Protagonisten, in denen sich dieser unklaren Erlebnissen aus seinem Inneren gegenübergestellt sieht und sich gegen allmählich deutlicher werdende Empfindungen von Depression, Angst und Bedrohung wehren muß. Zeitweise hat er das Gefühl, daß Kräfte außerhalb seines Ichs sein Denken und Handeln steuern und dabei seinen Willen vorübergehend ausschalten oder vielmehr sich ganz seines Ichs bemächtigen. Dieser Prozeß der fortschreitenden Persönlichkeitsauflösung kommt dazwischen immer wieder zum Stillstand, Phasen des Getriebenseins wechseln mit Zuständen der Einsicht und Klarheit, und in diesem zumeist als schmerzhaft empfundenen Auf und Ab von passivem Erleiden und bewußtem Handeln, von Gefährdung und Hoffnung ist der, dem solches widerfährt, gezwungen, sich mit sich selbst auseinanderzusetzen. Keineswegs erscheint die Krankheit von Anfang an so übermächtig, daß sie Robert als wehrloses Objekt in Besitz nähme. Mehrfach, vor allem im Mittelteil der Erzählung, gelangt Robert aufgrund richtiger Erkenntnis seiner selbst und seines Zustandes und in realistischer Einschätzung seiner Möglichkeiten zu tragfähigen Einsichten, zu relativer seelischer Stabilität und ansatzweise zur Öffnung gegenüber Personen, bei denen er Sicherheit und Hilfe zu finden hofft. Mehrfach sehen wir ihn an dem Punkt, wo er nur konsequent den als richtig erkannten Weg zu beschreiten braucht, um all das Düstere und Schwankende hinter sich zu lassen und festen Boden zu gewinnen. Aber immer wieder und mit verstärkter Kraft stehen in solchen Situationen die unheimlichen Mächte aus seinem Inneren auf und bringen ihn in ihren Bann. Warum gelingt ihm nicht, was die Marquise von O... fertiggebracht hat, die im verzweifeltsten Augenblick ihres Lebens ungeahnte Kräfte im Inneren ihrer Seele entdeckt und in herrlicher Anstrengung gegen eine ganze Welt ihr Selbst behauptet hat? Ist es nur Mangel an Selbstzucht, an Durchsetzungskraft sich selber gegenüber und festem Willen? Oder treibt eine rätselhafte Krankheit ihr grausames Spiel mit einem Menschen, der von Anfang an verloren ist? Auch wenn die düsteren Ahnungen des Lesers im dritten Teil der Erzählung zunehmen und schließlich bestätigt werden, so bleibt doch bis zum Schluß die Frage offen, ob es von vornherein der aussichtslose Kampf eines Ohnmächtigen und in Wahrheit Wehrlosen ist oder ob Robert bis zu einem gewissen Punkt die Möglichkeit hat, sich aus eigener Kraft vor den Abgründen in seiner Seele zu retten.

Mit dieser Unentschiedenheit stellt der Autor gleichzeitig die Frage nach der Normalität. Zwar gibt es für Otto eine feste Grenze zwischen Gesundheit und Wahnsinn; sie wird dort überschritten, wo ein Mensch seinen Zwangsvorstellungen Zwangshandlungen folgen läßt. Aber schon sein ärztlicher Gegenspieler Leinbach läßt diese Grenze nicht gelten. Für ihn gibt es im Menschlichen unendliche Möglichkeiten zwischen den Polen. Hier von normal und dort von Krankheit zu reden und gar eine Grenzlinie dazwischen zu ziehen, ist für ihn der ohnmächtige Versuch, Festpunkte der Erkenntnis zu setzen, wo es nichts zu erkennen gibt, auf Logik zu bauen, wo – im Sinne Ernst Machs und seiner Theorie – im Fließen der Erscheinungen sich eine zufällige Konstellation an die andere reiht. Deshalb ist die Diagnose Verfolgungswahn für ihn auch nur eine Ausflucht, „eine Flucht ins System aus der friedlosen Vielfältigkeit der Einzelfälle" (S. 101).
Daß die Frage, was im menschlichen Bereich als normal zu gelten habe, durchaus diskutierbar ist, das geht nicht nur aus den entgegengesetzten Ansichten der beiden Ärzte in der Erzählung hervor, sondern auch aus der Aporie innerhalb der modernen Psychiatrie, die Schizophrenie eindeutig als Krankheit zu bestimmen. Unbefriedigend bleiben in ihrem Fall die drei klassischen Interpretationsansätze für Krankheit, nämlich das subjektive Krankheitserlebnis des Patienten, die Einschätzung durch die Mitmenschen und die naturwissenschaftliche Meßbarkeit, weil Schizophrenen häufig jede Krankheitseinsicht fehlt, weil die Interpretation der Krankheit als „meßbare Abweichung von statistisch ermittelten Normwerten" eben gerade auf verläßliche Grenzwerte zwischen Krankheit und Gesundheit angewiesen ist und weil die Abweichung von gesellschaftlichen Normen allein ein allzu bedenkliches Kriterium wäre.[64]
Tatsache ist, daß Schnitzlers Erzählung über den Verlaufsbericht eines medizinischen Falles hinaus – der sie auch ist – als literarisches Kunstwerk an allgemein menschliche Fragen heranführt: Sie leuchtet hinein in verborgene seelische Schichten und schärft den Blick für die komplizierte Überlagerung von Bewußtem und Unbewußtem; sie läßt den Leser teilhaben an seelischen Spannungen und Stimmungen, denen wie Robert alle Menschen ausgesetzt sind; sie führt exemplarisch den Kampf eines Menschen um die Selbstbehauptung im Schwebezustand zwischen Krankheitsdrohung und Gesundheitshoffnung und seinen schließlichen psychischen Verfall vor Augen; und sie stellt grundsätzlich die Frage, wo und wie weit im Bereich des Seelischen von Normalität gesprochen werden kann. Über diese mehr kognitiven Lernziele hinaus hat sie auch im erzieherischen Unterricht ihren Platz, indem sie die Rolle der Psychohygiene zur Lebensbewältigung ins Bewußtsein bringt. Jeder Mensch sollte den richtigen Umgang mit seinen seelischen Erlebnissen erlernen, um besser auf seelisch-geistige Anfechtungen vorbereitet zu sein. Die Entwicklung eines gesunden Selbstwertgefühls, Realitätssinn, die Pflege sozialer Kontakte sind in diesem Zusammenhang eminent wichtig.[65]

3.4.2 Die Frage der Prädestination

Immer wieder stellt sich Robert – und angesichts der langen Unentschiedenheit seines Schicksals auch dem Leser – die Frage nach Prädestination oder freier Entscheidung im Menschenleben.

---

(64) Wolfgang Demuth (Anmerkung 58), S. 50/51.
(65) Zur Prophylaxe gegen seelische Störungen durch Psychohygiene vgl. Wolfgang Demuth (Anmerkung 58), S. 93–95.

Während des Spaziergangs auf dem Semmering mit Paula und ihrer Mutter überlegt Robert bei sich (S. 40/41):

„War mir mein Dasein von Beginn an vorgezeichnet? Oder hab' ich irgendeinmal die Wahl gehabt – die Wahl zwischen Schwäche und Stärke, zwischen Gesundheit und Krankheit, zwischen Klarheit und Verwirrung? Aber war denn schon etwas entschieden? Nein. Untrüglich wußte er's mit einemmal, daß ihm die Wahl noch immer in die Hand gegeben war."

Diesen Umschlag in seiner Selbsteinschätzung verdankt er Paulas Zuneigung zu ihm; in ihrer Nähe ist „ihm zumute wie einem Genesenden", überwindet er die Leere in seinem Inneren und fühlt er „den Willen und die Kraft in sich, wieder gesund und – endlich wahr zu werden". Die Persönlichkeitskrise, in der sich Robert befindet, scheint sich zum Guten zu wenden. Er ist dabei, die Rolle abzulegen, „die wachsende Gewalt über ihn erlangt und allmählich gedroht hatte, sein innerstes Wesen zu verstören", er erkennt sein wahres Ich und fühlt sich stark genug, ganz er selbst zu sein. Diese aus der Sicherheit seiner Persönlichkeit herrührende Stärke setzt er gegen die unmittelbar nach der plötzlichen Abreise der beiden Damen aufkeimenden Selbstzweifel ein. Auch wenn es schon mehr nach Selbstbeschwichtigung denn nach Selbstgewißheit klingt, was er sich einredet („Ich bin kein Mörder, und kein Mensch denkt von mir, daß ich einer sein könnte"; S. 43), so kommt er doch zu dem freilich nicht mehr sehr fest vertretenen Schluß: „Ich habe die Wahl".
Am nächsten Tag während der Mittagsrast mit seinem Freund Leinbach, der zu Besuch gekommen ist, durchdringt ihn ein starkes Wohlgefühl. „Ich bin gesund und noch jung, sagte er zu sich. Was ist es nur, was mich manchmal mit so unheimlicher Gewalt überkommt?" (S. 45). Und indem er sich Rechenschaft über seine Stimmungsschwankungen ablegt, vermutet er ganz richtig, daß wohl „die meisten Menschen von ähnlichen Gespenstern heimgesucht werden". Nur, warum die einen mit den Anfechtungen aus ihrem Inneren fertigwerden und die anderen unterliegen, diese Frage bleibt durchaus offen.
Als Robert nach der Verlobung mit Paula sein Zimmer betritt und Albertas Brief aus Amerika ihm untrüglich beweist, daß sie lebt, durchströmt ihn ein Gefühl der Befreiung. Ihm wird bewußt, „daß auf dem Grund seiner Seele jener überwunden geglaubte Wahn immer noch gelauert hatte" (S. 61). Dieser Blick in sein Inneres, die objektive Grundlosigkeit seiner Befürchtungen und die Erkenntnis, einem Wahn erlegen zu sein, sollte ihn eigentlich endgültig zu sich bringen. „Ihm war, als sei durch diesen Brief eine düstere, gefahrvolle Epoche seines Lebens ein für allemal abgeschlossen" (S. 62). Aber schon im nächsten Kapitel ist mitten in der Heiterkeit seiner Seele die „würgende Angst" wieder da.
Freie Willensentscheidung oder Vorherbestimmung? Roberts Dilemma entspricht dem Schwanken Schnitzlers zwischen den zwei Grundpositionen: der in die Tradition der Aufklärung zurückreichenden Überzeugung von der Autonomie des Individuums und dem aus dem naturwissenschaftlichen Positivismus herrührenden deterministischen Weltbild.

3.4.3 Die Rolle der menschlichen Gemeinschaft

Die moderne Psychiatrie geht davon aus, daß soziale Faktoren für die Entstehung psychischer Störungen zumindest von Bedeutung sind und daß durch sie der Verlauf

schizophrener Erkrankungen beeinflußt wird. Deshalb legt man heute bei der Behandlung der Schizophrenie im Zusammenspiel verschiedener Therapieformen besonderen Wert auf die Soziotherapie, das heißt auf die Beobachtung und Pflege der zwischenmenschlichen Beziehungen und des sozialen Umfeldes des Kranken.[66]
Im Falle Roberts fällt sogleich die Tatsache auf, daß er bei fortschreitendem Krankheitsverlauf seinen Mitmenschen gegenüber immer mißtrauischer wird, soziale Kontakte immer mehr abblockt und sich in sich selbst verkriecht. Ebenso gewiß ist aber auch, daß er nicht allein in der Welt steht, sondern daß Menschen in seiner unmittelbaren Umgebung bereit sind, ihm zu helfen. Robert weiß das; aber er ist von Anfang an nicht in der Lage, sich ihnen gegenüber rückhaltlos zu öffnen und ihnen das gleiche Vertrauen entgegenzubringen, das sie ihm schenken. Das gilt für seine Freundschaft mit Leinbach ebenso wie für seine Beziehung zu der Klavierlehrerin, die geradezu ein immer wieder beschworener Modellfall für seine Gefühlsverarmung und den Rückzug auf sich selbst ist. Das gilt aber vor allem für das Verhältnis zur Verlobten und zum Bruder.

Paula (S. 38. 40. 56/57. 60. 62. 64/65. 74–81. 88)
Schon beim ersten persönlicheren Gespräch mittags auf dem Semmering fühlt Robert, daß er ihr alle seine Probleme anvertrauen darf und sie ein besonderes Verständnis für ihn aufbringt. Dieses Gefühl verstärkt sich am nächsten Tag während des Autoausflugs. Paulas warme Anteilnahme für ihn hat eine geradezu therapeutische Wirkung: Er sehnt sich nach Arbeit und Betätigung, und ihm ist „zumute wie einem Genesenden“. Wieder in Wien, spricht Paula ohne jede Scheu über ihre Verhältnisse nach dem geschäftlichen und gesellschaftlichen Zusammenbruch ihres Vaters. Robert bedankt sich ausdrücklich für das Vertrauen, das hinter diesen Eröffnungen steht; der Abend endet mit einem engen, unausgesprochenen Einverständnis zwischen den beiden. Aber er bringt es weder an diesem Abend noch ein paar Tage später, nach der Verlobung, über sich, sich ihr zu eröffnen und mit gleicher Vorbehaltlosigkeit über all das Bedrückende zu sprechen, das er auf dem Grund seiner Seele erkennt. Und das, obwohl er im „Gefühl einer ungeheuren Verlassenheit“ von der Verbindung mit Paula Rettung, ja Erlösung erhoffen darf. Und noch, als er nach der Ankunft von Albertas Brief „eine düstere, gefahrvolle Epoche seines Lebens ein für allemal abgeschlossen“ glaubt, behält er die düsteren Erlebnisse für sich, statt den Versuch zu machen, sie im gemeinsamen Gespräch sachlich aufzuarbeiten und zu bewältigen.
Als Paula einmal ihre Vergangenheit vor ihm ausbreitet, hätte er seinerseits die Gelegenheit, über die Ängste und das Dunkel in seiner Seele zu sprechen, um so vielleicht die Schreckensbilder zu bannen. Aber er versinkt in Grübeleien, und als Paula sein in sich gekehrtes Wesen bemerkt, weicht er aus; nicht über seine quälende Angst wegen des Briefes spricht er, sondern über den angeblich besorgniserregenden Zustand seines Bruders. – Dieses Verhalten wiederholt sich gegen Ende, an dem Tag, als er, statt ins Amt zu gehen, einen langen einsamen Spaziergang in den Praterauen unternimmt. Während quälender Gedanken fragt er sich: „Wem kann man solche Dinge erzählen? [...] Niemand könnte sie begreifen [...] Darum ist man so allein“. Fast gleichzeitig denkt er voll Rührung an die beiden Menschen, Paula und den Bruder, die alles für ihn zu tun bereit sind. Aber als Paula ihn am Abend voll Sorge bittet, sich auszusprechen,

(66) Dazu Wolfgang Demuth (Anmerkung 58), S. 79–82.

macht er humoristische Ausflüchte und erfindet die Begegnung mit dem Amerikaner. Zu diesem Zeitpunkt ist Roberts Denken schon deutlich verwirrt. Es bleibt die Frage, ob es so weit gekommen wäre, wenn er rechtzeitig die dargebotene Hand ergriffen und sich Paula gegenüber ganz aufgeschlossen hätte. Noch im Endstadium seines Wahnsinns leuchtet mitten aus dem geistigen Zerfall heraus der bemerkenswerte Satz: „Ohne dich bin ich verloren". Aber da nimmt er die seltsame Veränderung ihrer Züge schon nicht mehr wahr, und das Zittern der die Wahrheit Ahnenden gilt ihm als „bräutliche Erregung":

Otto (S. 13. 23. 49–54. 66. 74–80. 82/83. 98–100)
Roberts Verhältnis zu seinem Bruder ist von Anfang an nicht ungetrübt. Der jüngere Bruder sieht sich immer im Schatten des älteren, so etwa, wenn er im zweiten Kapitel Ottos „pflichtenschweres Dasein" und den „Ernst seines Berufes" mit seiner eigenen, der „rechten Würde" und des „tieferen Sinnes" ermangelnden Existenz vergleicht. Und vom Ende der Erzählung her fällt ein bezeichnendes Licht auf diese Bruderbeziehung, wo Leinbach in sein Tagebuch notiert:

„Mein armer Freund [...] hat an der fixen Idee gelitten [...], daß er durch seinen Bruder sterben müsse; und der Gang der Ereignisse hat ihm am Ende recht gegeben. Wie es allmählich dahin kommen sollte, hat er freilich nicht vorauszusehen vermocht. Aber die Ahnung war in ihm gewesen, das läßt sich nicht abstreiten."

Eine wichtige Rolle für die ganze Erzählung spielt jenes unselige Versprechen, dessen Empfang Robert brieflich bestätigt hatte. Otto hatte es sich widerwillig entreißen lassen; aber zuerst hatte er den Bruder „verspottet" und einen „Hypochonder" genannt und hatte „unmutig" das Gespräch abgebrochen. Aber immerhin war ihm sein Zustand so bedenklich erschienen, daß er ihm zu einer sechsmonatigen zerstreuenden Reise geraten hatte.
Die Begrüßung der Brüder bei ihrem Wiedersehen ist „etwas trocken", die brüderliche Umarmung erfolgt „nach einem leichten Zögern", und danach breitet sich Verlegenheit aus. Bei der anschließenden Unterhaltung meint Robert, einen Verdacht von sich abwehren und sich „eines Schutzes gegenüber feindseligen Mächten" versichern zu müssen, was Otto indes mit einem ironischen Lächeln quittiert.
Das erste ausführliche Gespräch zwischen den beiden Brüdern verläuft in einer herzlichen Atmosphäre. Auf die Befürchtungen Roberts, ob er jemals wieder seinen Beruf werde ausüben können, reagiert Otto zuerst abwehrend, dann „freundlich-spöttisch". Dann aber kommt es zu einer ernsthaften, an eine ärztliche Konsultation erinnernden Erörterung über Zwangsvorstellungen und Zwangshandlungen, deren Bedeutsamkeit Otto herunterzuspielen versucht, indem er über Einbildungen seines Bruders seufzt und ihm ebenso inständig („ich bitte dich") wie kumpelhaft („werd' einmal vernünftig!") zur Vernunft rät. Robert fühlt sich nach diesem Gespräch, „als wäre ihm eine Last von der Seele genommen".
Nach einem geselligen Abend im Hause des Bruders nimmt dessen ärztliche Autorität in der Erinnerung Roberts plötzlich etwas Bedrohliches an. Von dem Gespräch, das Otto mit einem Fachkollegen führte, geht für ihn eine Gefahr aus, von beiden Ärzten glaubt er sich beobachtet und verfolgt.
Nach jenem einsamen Vormittag in den Praterauen denkt Robert an seinen Bruder, „der ihn liebte, ihn vielleicht noch mehr liebte, als es Paula tat, mehr als irgendein

Mensch auf der Welt ihn jemals geliebt hatte". Aber der Gedanke an diese brüderliche Liebe, der er jede rettende Kraft zutraut, vermischt sich sogleich mit der von dem verhängnisvollen Pakt ausgehenden Furcht vor der Bedrohung durch den Bruder. Verstehen und Mißverstehen, Zärtlichkeit und Fremdheit, Liebe und Haß charakterisieren für ihn die Ambivalenz ihrer Beziehungen, ehe sich seine Gedanken erneut verwirren.
Er sucht Otto auf, um den Brief von ihm zurückzufordern. Zuerst tritt Otto dem Bruder „in seiner spöttischen Art" gegenüber; aber rasch ändert sich sein Ton; er legt ihm „mit einer ungewohnten Gebärde der Herzlichkeit die Hand auf die Schulter" und redet geradezu beschwörend zu ihm. Sein Lächeln dabei gerät ihm „allzu freundlich", und der Versuch zu scherzen wirkt „etwas angestrengt". Das Zusammensein mit dem Bruder verursacht Robert ein tiefes Gefühl der Geborgenheit, das aber nur kurz anhält. Sogleich fühlt er sich wieder beobachtet und verfolgt, wogegen er sich innerlich zur Wehr setzt. Der Fluchtgedanke keimt in ihm auf.
Als Otto am nächsten Tag mit dem erbetenen Schriftstück bei Robert eintritt, gibt er sich keiner Täuschung mehr über dessen Zustand hin. „Du bist nun hoffentlich endgültig vernünftig geworden", sagt er zu ihm; seine Augen umschleiern sich dabei, und er tritt ganz nahe zu ihm hin. Hoffnungslosigkeit spricht aus Ottos ohnmächtig beschwörenden Worten, aus seinen Blicken und Gesten. Nach Roberts in Sprache und Tonfall übertrieben selbstbewußter Entgegnung bleibt die forschende Miene des Arztes „unbeweglich", seine Antwort klingt „zerstreut".
Erst bei der letzten Begegnung mit dem Bruder, nachts im Hotelzimmer, vermag Otto die kühl-distanzierte Rolle des beobachtenden Arztes nicht mehr durchzuhalten. Sein starres Lächeln weicht einem unterdrückten Aufschluchzen; sein Versuch, unbefangen zu erscheinen, endet in Stammeln; die Worte versagen ihm. Mitleid, Angst und Erschütterung sprechen aus seinem Blick. Er ist jetzt nur noch der liebende Bruder. Aber es ist zu spät.
Paula bleibt über Roberts Zustand fast bis zum Schluß im unklaren; sie bringt ihm einfach Verständnis, Vertrauen und Liebe entgegen – Gefühle, die Robert aus einer in ihm liegenden oder durch seine Krankheit bedingten Hemmung heraus nicht mit gleicher Vorbehaltlosigkeit erwidert.
Dagegen ist das Verhältnis der beiden Brüder wesentlich problematischer. Otto erkennt als Arzt von Anfang an die Gefährdung des Bruders; aber als Bruder scheint er sich bis zum Schluß dagegen zu wehren, die Erkrankung ernsthaft anzuerkennen. Robert hat eine enge emotionale Bindung an Otto; auch schätzt er dessen medizinischen Sachverstand und sucht wiederholt den Rat des Arztes. Aber sowohl in seiner Bruderliebe wie auch in der Anerkennung der fachlichen Kompetenz ist er durchaus labil. Beide Gefühle können jederzeit in ihr Gegenteil umschlagen: in Haß und in Angst. Roberts Zwangsvorstellungen und Verfolgungswahn sind von Anfang an gegen den eigenen Bruder gerichtet.
Obwohl Paula und Otto vom menschlichen und medizinischen Aspekt her dazu ausersehen sind, Roberts Sturz aufzufangen, vermögen sie in seinem Fall nichts auszurichten.

3.5 Krise des Individuums – Krise der Gesellschaft

Die Erzählung ‚Flucht in die Finsternis' spiegelt in allen Stationen ihrer Entstehung persönliche krisenhafte Erfahrungen ihres Autors wider. So lautet eine Notiz Schnitzlers vom 1. März 1805:[67]

„Erzähle Julius [Schnitzlers Bruder] von meinen Angstgefühlen. Er riet zur Selbsterziehung."

Schnitzlers Bruder war Arzt, allerdings nicht Nervenarzt, sondern Chirurg. Und 1917 äußert er über seine Arbeit:[68]

„Ich will mir meine eigenen Zwangsvorstellungen von der Seele schreiben."

In den Jahren vor dem Ersten Weltkrieg entstehen die ersten Entwürfe; 1917, am Ende des vorletzten Kriegsjahres, ist die endgültige Fassung fertiggestellt. Seinen ursprünglichen Entschluß, die Erzählung nicht zu veröffentlichen, revidiert Schnitzler. Sie erscheint am 21. Oktober 1931, am Todestag ihres Autors. Die Jahreszahlen 1917 und 1931 sind für die Entstehungsgeschichte nicht zufällig, sondern von tieferer Bedeutung.
Der Weltkrieg erschüttert Schnitzler zutiefst – weniger die Tatsache seines Ausbruchs, weil er der Auffassung ist, daß der Krieg durch die politische Entwicklung unvermeidlich geworden ist; viel mehr betroffen machen ihn die offenkundigen psychischen Voraussetzungen der allenthalben anzutreffenden Kriegsbegeisterung: die Blindheit für das Einzelschicksal im allgemeinen Massensterben; die Abwertung des Individuums zugunsten einer der Inhumanität Vorschub leistenden Abstraktheit in allen Lebensbereichen. Diesem Prozeß der Werteverschiebung entgegenzuwirken, ist für Schnitzler Aufgabe der Kunst.[69]
Die literarische Darstellung einer individuellen Krise steht so gegen ein Denken, das als kultur- und gesellschaftsbedrohend erkannt wird.
Noch deutlicher als Gegengewicht gegen den als gefährlich empfundenen Zeitgeist erscheint die Erzählung in den Jahren der Orientierungslosigkeit zwischen dem Ende des Ersten Weltkrieges und dem erstarkenden Nationalsozialismus, in einer Zeit, die zunehmend auf Massenwahn und Massenhysterie setzt und das Recht des Individuums verleugnet.[70] Noch während der Arbeit an dem erschütternden Protokoll einer Identitätskrise erfährt Schnitzler, daß der künstlerischen „Beschäftigung mit dem einzelnen Individuum ihr Recht"[71] abgesprochen wird. Daß dem psychisch gefährdeten, überhaupt dem aus der Norm fallenden Individuum wenig später auch das Recht weiterzuleben aberkannt wird, hat er zwar nicht mehr erlebt; aber geahnt mag er es haben.
So gesehen, hat die Erzählung nichts von ihrer Aktualität eingebüßt.

(67) Zitiert nach Materialienanhang der Editionenausgabe, S. 130.
(68) Zitiert nach Materialienanhang der Editionenausgabe, S. 131.
(69) Zu Schnitzlers Gedanken zum Zeitgeschehen im Ersten Weltkrieg vgl. Hartmut Scheible: Arthur Schnitzler. In: rowohlts monographien 235, Reinbek bei Hamburg 1986, S. 106–109.
(70) Dazu Hartmut Scheible (Anmerkung 69), S. 127.
(71) Hartmut Scheible (Anmerkung 69), S. 109.

4 Anhang: Klausurvorschläge

4.1 Klausurvorschläge zu Heinrich von Kleist: ‚Die Marquise von O...‘

Vorschlag 1: Die Verfilmung der Novelle (Grund- und Leistungskurs)

Textvergleich – Eric Rohmer, Bemerkungen zur Inszenierung
S. 85/4 („Vielleicht wird man ...“) bis S. 86/10 („... ihre Glaubwürdigkeit zu retten“)
– Kritik an Rohmers Filmversion (FAZ Nr. 18 vom 22. 1. 1977), S. 86/87

Aufgabe 1: Welche Veränderungen gegenüber der Textvorlage nimmt der Filmregisseur vor?

Aufgabe 2: Wie rechtfertigt der Regisseur sein Vorgehen, und wie begründet der Rezensent seine Kritik?

Aufgabe 3: Wie würden Sie entscheiden? – Setzen Sie sich mit den in der Kontroverse vorgebrachten Argumenten auseinander.

Aufgabe 4: (nur LK) Zu welchen Verschiebungen im Welt- und Menschenbild führt die filmische Abweichung vom Original?

Vorschlag 2: Die Gartenszene (Nur Grundkurs)

Textstelle: S. 29/15 („Er bestieg ein Pferd ...“) bis S. 30/34 („... auf die Rampe und verschwand“)

Aufgabe 1: Ordnen Sie die Stelle in den Zusammenhang des Handlungsablaufs ein.

Aufgabe 2: Zeichnen Sie die inneren Vorgänge der Szene nach. Achten Sie dabei auf die sprachlichen und außersprachlichen Mittel der Kommunikation.

Aufgabe 3: Wie läßt sich das Verhalten der Marquise in dieser Szene erklären?

Vorschlag 3: Unterschiedliche Interpretationsansätze (Nur Leistungskurs)

Textstelle: Ingeborg Scholz, Materialienanhang S. 70/36 („Der Graf sowohl wie die Marquise ...“) bis S. 72/1 („... den Interpreten hier geführt hat“)

Aufgabe 1: Welche beiden unterschiedlichen Interpretationsansätze führt die Textstelle vor?

Aufgabe 2: Untersuchen Sie beide Ansätze und ihre Auswirkungen für die Interpretation der Novelle. – Welcher Deutung geben Sie den Vorzug und warum?

4.2 Klausurvorschläge zu Arthur Schnitzler: ‚Flucht in die Finsternis‘

Vorschlag 1: Die Beziehung der beiden Brüder (Nur Grundkurs)

Textstelle: S. 51/14 („Habe ich dich lange warten lassen ...“) bis S. 54/25 („... wie durch Zauberkraft befreit“)

Aufgabe 1: Charakterisieren Sie die äußeren und inneren Vorgänge während des Gesprächs zwischen den beiden Brüdern.

Aufgabe 2: Beschreiben Sie, ausgehend von dieser Textstelle, die Bruderbeziehung in der Erzählung.

Vorschlag 2: Schnitzlers Menschenbild (Nur Leistungskurs)

Textstelle: Anna Stroka: [Gesellschaftliche und ideologische Voraussetzungen des Schnitzlerschen Impressionismus], Textauszug S. 112/2–31 („Wie kaum einer seiner Zeitgenossen ...“ bis „... als Chaos zielloser Ereignisse erscheinen“)

Aufgabe: Inwiefern trifft das, was die Verfasserin der Textstelle äußert, auf Schnitzlers Erzählung ‚Flucht in die Finsternis‘ zu?

4.3 Klausurvorschlag zum Vergleich beider Erzählungen

Vorschlag: Identitätskrisen (Aufgaben 1 und 2: Grundkurs; Aufgabe 3: LK)

Aufgabe 1: Inwiefern gestalten beide Erzählungen eine Identitätskrise?

Aufgabe 2: Auf welchem Weg gelangen die beiden Hauptpersonen jeweils zu unterschiedlichen Lösungen?

Aufgabe 3: (nur LK) Vergleichen Sie das Ende beider Erzählungen:

- Kleist: S. 45/37 („Er fing, da sein Gefühl ihm sagte ...“) bis S. 46/12 („... wie ein Engel vorgekommen wäre“)
- Schnitzler: S. 101/6–26 („Die Aufzeichnungen, die man ...“ bis „... wie der meines armen Freundes——“)

Versuchen Sie von da aus auf das durch beide Autoren vermittelte Weltbild zu schließen!

Bisher liegen vor:

Gedichte in ihrer Epoche
Herausgeber: Dietrich Steinbach
Klettbuch 39901, 168 Seiten

Einleitung: Gedichte haben Zeit (D. Steinbach)
Barocklyrik – Geschichtlichkeit und Tradition (U. Müller)
Lyrik im Sturm und Drang (U. Druvins)
Aspekte romantischer Lyrik (H.-H. Ewers)
Lyrik im Expressionismus (T. Kopfermann)
Brecht und die Folgen (T. Kopfermann)
Zur Geschichte der modernen Lyrik in der Bundesrepublik: Gedicht und Erfahrung (D. Wenzelburger)
Schreiben über Gedichte (F. Winterling)

Die Beiträge verbinden eine Interpretation epochentypischer Texte unter epochenerhellenden Aspekten mit Vorschlägen für den Unterricht – entweder implizit, so daß der Aufbau der Arbeit eine mögliche Unterrichtsreihe andeutet, oder explizit im Anschluß an den interpretatorischen Teil.
Schreiben über Gedichte: Bekannte Schwierigkeiten in Klausuren lassen sich vermeiden oder jedenfalls verringern, wenn die große Aufgabe der schriftlichen Interpretation vorbereitet wird mit Teilaufgaben, die das Sprechen über Gedichte sinnvoll stützen – und wenn für Gedichtvergleiche geeignete Vorlagen zur Verfügung stehen. Vielerlei Ratschläge zu Aufgabenformulierungen und eine größere Zahl von Texten für ergiebige Vergleiche bietet der letzte Beitrag des Bandes.

Michael Ackermann:
Schreiben über Deutschland im Exil
Irmgard Keun: Nach Mitternacht
Anna Seghers: Das siebte Kreuz
Klettbuch 39904, 56 Seiten

Peter Bekes:
Außenseiter
Max Frisch: Andorra
Gotthold Ephraim Lessing: Nathan der Weise
Klettbuch 39915, 45 Seiten

Peter Bekes:
Theater als Provokation
Gerhart Hauptmann: Die Ratten
Heinrich Leopold Wagner: Die Kindermörderin
Klettbuch 39919, 51 Seiten

Peter Bekes:
Verfremdungen
Parabeln von Bertolt Brecht, Franz Kafka, Günter Kunert
Klettbuch 39921, 49 Seiten

Klaus-Michael Bogdal:
Geschichte in der Erzählung
Heinrich von Kleist: Michael Kohlhaas
Friedrich Schiller: Der Verbrecher aus verlorener Ehre
Klettbuch 39908, 32 Seiten

Siegmund Geisler/Andreas Winkler:
Entgrenzte Wirklichkeit
E. T. A. Hoffmann: Der Goldne Topf
Ludwig Tieck: Der blonde Eckbert
Klettbuch 39909, 63 Seiten

Wilhelm Große:
Überwindung der Geschichte
Johann Wolfgang von Goethe: Egmont
Friedrich Schiller: Don Carlos
Klettbuch 39913, 53 Seiten

Peter Haida:
»Freiheit« – das neue Lied
Heinrich Heine: Deutschland. Ein Wintermärchen
Johann Nestroy: Freiheit in Krähwinkel
Klettbuch 39903, 49 Seiten

Peter Haida:
Kritik und Satire im Lustspiel
Georg Büchner: Leonce und Lena
Gotthold Ephraim Lessing: Minna von Barnhelm
Klettbuch 39923, 59 Seiten

Peter Haida:
Die Obrigkeit in der Komödie
Gerhart Hauptmann: Der Biberpelz
Heinrich von Kleist: Der zerbrochne Krug
Klettbuch 39916, 55 Seiten

Brigitte Hauger:
Kontroverse Zeitgenossen
Georg Büchner: Lenz
Joseph von Eichendorff:
Aus dem Leben eines Taugenichts
Klettbuch 39912, 58 Seiten

Brigitte Hauger:
Individualismus und aufklärerische Kritik
Johann Wolfgang von Goethe:
Die Leiden des jungen Werther
Friedrich Nicolai: Freuden des jungen Werthers
Klettbuch 39911, 62 Seiten

Bertold Heizmann:
Der irritierte Bürger
Theodor Fontane: Frau Jenny Treibel
Wilhelm Raabe: Stopfkuchen
Wilhelm Raabe: Zum Wilden Mann
Klettbuch 39905, 47 Seiten

Bertold Heizmann:
Der Traum vom Künstler
Johann Wolfgang von Goethe: Torquato Tasso
Heinrich von Kleist:
Prinz Friedrich von Homburg
Klettbuch 39917, 56 Seiten

Thomas Kopfermann:
Bürgerliches Selbstverständnis
Friedrich Hebbel: Maria Magdalene
J. M. R. Lenz: Der Hofmeister
Friedrich Schiller: Kabale und Liebe
Klettbuch 39918, 88 Seiten

Thomas Kopfermann:
Soziales Drama
Georg Büchner: Woyzeck
Gerhart Hauptmann: Die Weber
J.M.R. Lenz: Die Soldaten
Friedrich Wolf: Cyankali
Klettbuch 39907, 72 Seiten

Volker Sack:
Gegenbilder
Johann Wolfgang von Goethe: Iphigenie auf Tauris
Friedrich Hebbel: Maria Magdalene
Klettbuch 39914, 55 Seiten

Volker Sack:
Identitätskrisen
Heinrich von Kleist: Die Marquise von O ...
Arthur Schnitzler: Die Flucht in die Finsternis
Klettbuch 39924, 61 Seiten

Volker Sack:
Zeitstück und Zeitroman in der Weimarer Republik
Ödon von Horváth: Kasimir und Karoline
Irmgard Keun: Das kunstseidene Mädchen
Klettbuch 39902, 41 Seiten

Gertrud Schänzlin:
Frauenbilder
Ingeborg Drewitz: Gestern war Heute
Theodor Fontane: Effi Briest
Barbara Frischmuth: Erzählungen
Heinrich Mann: Eugénie
Klettbuch 39906, 38 Seiten

Dietrich Steinbach:
Geschichte als Drama
Georg Büchner: Dantons Tod
Heiner Müller: Germania Tod in Berlin
Friedrich Schiller: Wallenstein
Klettbuch 39920, 51 Seiten

Ernst Klett Verlag, Postfach 10 60 16, 7000 Stuttgart 10